· 빅아이디어로 본 인공지능 원리와 윤리의 실제 ·

ARTIFICIAL INTELLIGENCE & ETHICS

모두를 위한
인공지능과 윤리

김성애 · 김한성 · 박주연 · 전수진 지음

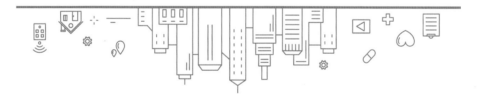

(주) 삼양미디어

인공지능의 등장으로 인해 정보통신기술(ICT)을 중심으로 한 디지털 전환이 매우 빠르게 이루어지고 있습니다. 갑자기 맞이하게 된 코로나 19로 인해 우리의 일상은 완전히 변화되었고 비대면이라는 특수 상황에 익숙하게 만들면서 다양한 분야에서 디지털 전환이 더욱 가속화되었습니다. 위드 코로나, 포스트 코로나 시대를 맞이하면서 4차 산업 혁명의 핵심 기술이라고 일컬어지는 인공지능, 빅데이터, 사물인터넷, 클라우드를 비롯한 정보통신기술의 생명력은 더욱 강해졌다고 할 수 있습니다. 특히 기술의 발전을 확인해볼 수 있는 특허출원 건수를 살펴보면 디지털 전환을 이끌고 있는 주역으로 평가받고 있는 인공지능 기술 관련 특허출원이 가장 많은 것으로 나타나고 있습니다. 그도 그럴 것이 산업뿐 아니라 우리의 일상에서 인공지능은 쉽게 접하는 기술이 되고 있습니다.

이와 같이 새로운 기술이 급부상할 때마다 그 기술은 언제나 반대급부로 윤리적인 이슈를 동반해 왔고 인류는 항상 이에 대한 고민을 해왔습니다. 인공지능 기술의 발전에 더 주목해야 할 시점에서 윤리적인 부분에 대해 고민하는 것이 시기상조가 아니냐는 시각도 있지만, 전문가들은 '아니다'라고 답하고 있습니다. 기술을 개발하기 시작하는 처음부터 조금 더 세분화하면 인공지능 알고리즘을 계획하는 단계부터 윤리적인 부분은 함께 고민해야 한다는 것입니다. 인공지능 기술에 대한 이러한 논의들을 통합적으로 AI 윤리(AI ethics)라는 개념에 담고 있습니다. 우리가 직관적으로 느끼는 윤리라는 용어가 사람 개개인의 됨됨이를 일컫는 말처럼 들리지만, 영어사전에 나타난 ethics는 특정 집단, 분야에 부여되는 사회적 의미까지 포함하고 있다는 것에 주목할 필요가 있습니다. 즉, 우리는 AI와 관련된 다양한 쟁점에 대해 단순히 옳고 그름을 판단하는 것에 그치지 말고 우리 사회 전반에서 중요하게 생각하는 가치를 모두가 100% 만족할 수는 없지만, 최대한 균형 있게 존중하는 방식으로 인공지능을 개발하고 활용하기 위해 어떤 노력을 기울여야 하는지에 대해 통합적으로 탐색하려는 노력이 있어야 할 것입니다.

필자들은 체계적인 인공지능 교육은 초-중등학생, 대학생 그리고 일반에 이르기까지 이러한 통합적인 탐색에 효과적이라는 데 뜻을 같이했습니다. 이에 필자들은 인공지능 교육의 initiative로 알려져 있는 인공지능 5가지 빅 아이디어에서 Perception, Representation & Reasoning, Learning, Natural Interaction과 모두 연결되어 있는 Social Impact에 주목하였습니다. 인공지능 기술의 기본적인 원리와 함께 사회적 영향력으로 일컬어진 인공지능 윤리를 접목하여 개발단계부터 주목해야 하는 인공지능 윤리에 대한 정확한 이해와 시각을 길러주고 싶었습니다. 물론 이 책은 엔지니어가 아닌 인공지능에 대해 알아가기를 원하는 사람이라면 누구나 너무 어렵지 않게 소개함으로써 교양적인 지식을 쌓는 것뿐 아니라 향후 자신과 관련된 분야에서 인공지능을 어떻게 활용할 수 있을지 더 공부하기 위한 기초를 제공하는 데 도움을 주고자 하였습니다.

따라서 인공지능 5가지 빅 아이디어에서 제시하는 Perception, Representation & Reasoning, Learning, Natural Interaction의 기초적인 원리를 이해하기 쉽게 제시하고 이와 관련된 사회적 영향력을 윤리적인 관점에서 다루었습니다.

이 책은 총 4파트로 구성되었습니다. PART 1에서는 인공지능과 인공지능의 윤리에 대한 기본적인 내용을 통해 인공지능과 함께하는 세상에 대해 이해해봅니다. PART 2에서는 지식의 표현과 추론, 학습에 대한 인공지능 원리를 이해하고 이를 활용한 윤리적인 활동들을 이어가게 되며 PART 3에서는 인공지능의 인식과 상호작용에 대한 원리를 이해하고 이를 활용한 윤리적인 활동들을 하게 됩니다. PART 4에서는 챗봇 만들기와 자율주행차의 눈이 되어 보는 활동을 통해 생활 속에서의 인공지능을 윤리적인 내용을 통해 탐색하면서 인공지능 기술과 윤리의 융합적인 활동을 하게 됩니다.

이 책을 통해 인공지능 기술의 눈부신 발전에 대한 기대와 함께 다양한 윤리적인 이슈들을 탐색하면서 인공지능에 대해 공부하기 시작하는 모든 사람에게 길라잡이와 같은 역할을 할 수 있기를 기대해봅니다.

2022년 6월
모두의 인공지능 교육에 이정표가 되기를 바라는 마음을 담아
집필진 일동

구성 이해하기

　　본 도서는 미국의 AI4K12*에서 제안한 인공지능의 5가지 빅 아이디어를 토대로 인공지능에 대한 원리와 윤리적 이슈에 대한 이해를 균형감 있게 다루기 위해 다음의 세 가지 접근 방식을 고려해 구성하였다.

　　첫째, 5가지 빅 아이디어 중 4가지 빅 아이디어(1. 인식, 2. 표현과 추론 3. 학습, 4. 자연스러운 상호작용) 각각에 윤리적 이슈(5. 사회적 영향)를 통합하여 챕터를 구성하였다. 특히, 각 아이디어를 배우는 과정에서 고려할 윤리적 이슈를 도출해 관련 이론과 활동을 구성하였다.

　　둘째, 인공지능에 대한 원리와 윤리적 이슈에 대한 실질적 이해를 돕기 위해, 다양한 이론과 학습(실습) 활동을 함께 구성하였다. 각 활동은 언플러그드, 간단한 프로그래밍 등 다양한 형태로 구성하였다.

　　셋째, 윤리적 인공지능 설계(개발)의 필요성과 방법에 대한 기초 소양을 제공하기 위해 디자인 윤리 관점의 인공지능 융합 프로젝트와 다양한 학습 활동을 제시하였다. 이를 위해 챕터별 활동과 함께 윤리적 챗봇 만들기와 로봇 만들기 프로젝트를 종합 활동으로 구성하였다.

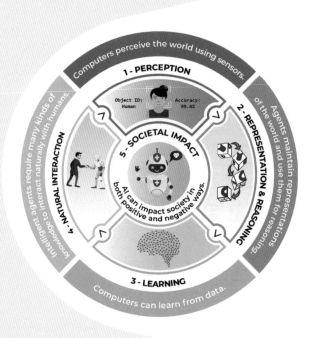

PART 1

인공지능과 함께하는 세상
- 인공지능의 이해
- 인공지능 윤리의 이해

PART 2

추론과 학습, 그리고 윤리
- 지식의 표현과 추론
- 학습하는 인공지능
- 인공지능 학습에서의 윤리

PART 3

인공지능의 인식과 상호작용, 그리고 윤리
- 인식하는 인공지능
- 상호작용하는 인공지능
- 인식과 상호작용에서의 윤리

PART 4

인공지능과 윤리 융합 프로젝트
- 내 마음을 알아주는 챗봇을 만들어 보자.
- 자율주행차의 눈이 되어 보자.

* AI4K12: 미국의 AI4K12 이니셔티브는 모든 사람을 위한 AI 교육을 위해 설립된 단체로 AI 교육 가이드라인 개발, 교재 개발, 커뮤니티 운영 등을 통해 전 세계 인공지능 교육의 표준 모델을 제안하고 있다.

CONTENTS
차례

PART 1　인공지능과 함께하는 세상

CHAPTER 01　인공지능의 이해 ······ 10

SECTION 01　인공지능은 무엇일까? ······ 12
SECTION 02　인공지능의 5가지 빅 아이디어 ······ 21
• 학 습 정 리 • ······ 26

CHAPTER 02　인공지능 윤리의 이해 ······ 28

SECTION 01　인공지능 윤리는 왜 필요한가? ······ 30
SECTION 02　인공지능 윤리 가이드라인 ······ 39
• 학 습 정 리 • ······ 54

PART 2　추론과 학습, 그리고 윤리

CHAPTER 01　지식의 표현과 추론 ······ 58

SECTION 01　지식의 표현과 추론이란? ······ 60
읽기 자료 ······ 66

SECTION 02　인공지능의 다양한 알고리즘은? ······ 67
읽기 자료 ······ 73

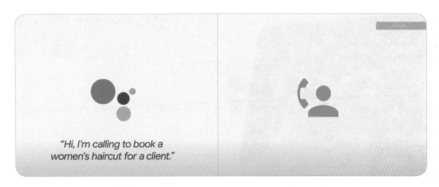

"Hi, I'm calling to book a women's haircut for a client."

🔺 구글 듀플렉스(Google Duplex) 시연 영상 캡처

　인공지능은 인간과 자연스럽게 대화할 뿐만 아니라, 인간이 수행하기 어려운 다양한 분야의 문제도 해결한다. 인공지능이 활용되는 대표적인 사례는 다음과 같다.

　첫째, IBM의 닥터 왓슨(Watson), 구글 헬스와 같은 의료 분야의 활용이다. 닥터 왓슨은 의료 분야에 최적화된 인공지능 시스템으로, 2011년 미국 ABC 방송 퀴즈쇼에서 체스 챔피언을 압도적으로 이긴 바 있는 IBM의 인공지능 '왓슨'을 토대로 개발되었다. IBM은 닥터 왓슨이 인간이 진단하기 어려운 암 데이터를 분석해 진단할 수 있으며, 의사와의 의견 일치율이 대장암 98%, 직장암 96%, 방광암 91%에 이를 정도로 매우 정확하다고 소개하였다. 닥터 왓슨은 우리나라에도 큰 반향을 일으켜, 2016년 가천대 길병원을 시작으로 부산대학교병원, 계명대학교 동산병원, 건양

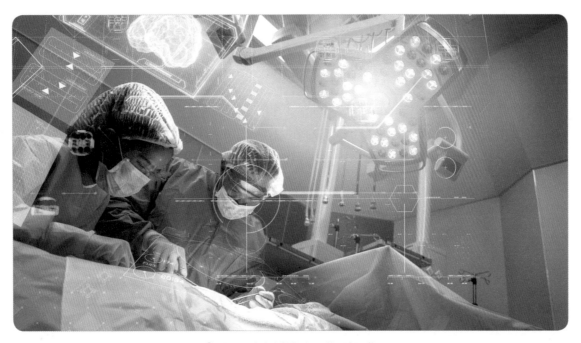

🔺 의료 분야에서 활용되고 있는 인공지능

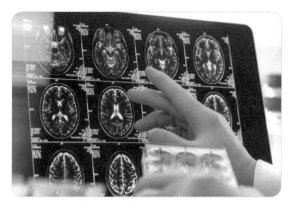

⬥ 인공지능을 이용한 질병의 진단

대학교병원, 대구가톨릭대학교병원, 조선대학교병원, 전남대학교병원 등이 차례로 왓슨을 도입하였다.

비록 닥터 왓슨이 해외 데이터 위주로 학습된 한계점 때문에 국내에서 기대만큼의 성과를 보이지 못한다는 지적도 있지만, 여전히 여러 병원에서 닥터 왓슨을 활용하여 의료 문제를 해결하려 노력하고 있다.

구글 또한 의료 분야 연구 조직인 구글 헬스를 통해 영국 여성 약 2만 명과 미국 여성 약 3천 명의 유방암 진단 영상을 활용하여 유방암 환자의 특성을 분석·학습한 인공지능을 개발하였다. 이렇게 개발된 인공지능은 유방암 진단에서 의사보다 오진율이 낮을 정도로 높은 성능을 보이고 있다. 이처럼 의료 분야에서 인공지능은 점차 의사를 보조하는 든든한 조력자로 부상하고 있다.

둘째, 자율주행차 분야이다. 자율주행차는 운전자의 조작 없이도 스스로 운행이 가능한 차를 의미한다.[1] 자율주행기술 분야는 운전자를 편리하게 할 뿐 아니라, 운전자의 과실로 발생하는 사고를 줄이거나 교통 약자를 돕는 등 다양한 사회적·경제적 기대 때문에 세계적 기업들의 치열한 경쟁의 장이 되고 있다.

자율주행차와 관련한 가장 대표적인 기업으로 구글을 들 수 있다. 구글은 2010년부터 'Moonshot Division X'라는 자율주행차 개발 프로젝트를 진행하였다. 2012년에는 시각장애인을 태우고 약 32만㎞의 자율주행을 하였으며, 현재는 구글의 최첨단 AI 기술력과 라이다(LIDAR, 레이저 반사광 이용 거리측정 센서) 등의 ADAS(Advanced Driver Assistance System, 첨단 운전자 보조 시스템)를 탑재한 웨이모(Waymo)를 내세워 샌프란시스코에서 자율주행 택시를 시범적으로 운영하고 있다.

구글과 함께 자율주행차 분야의 최고 기술력을 보유한 기업은 엔비디아(Nvidia)이다. 엔비디아는 자사의 핵심역량인 GPU 기술을 바탕으로 인공지능 플랫폼 기업으로 변신하였으며, 자율주행차 분야에서도 두각을 나타내고 있다. 특히, 2020년 CTC 2020에서 발표한 자율주행기술은, 자율주행차와 관련된 기술뿐만 아니라, 엔비디아의 VR 기술을 통해 자율주행차와 사람을 연결해 가상공간에서도 운전을 할 수 있는 가능성을 보여주었다.

---

1) 자동차관리법 1의 3호

한편, 구글보다 다소 늦게 자율주행차 개발에 뛰어든 테슬라의 약진도 눈여겨볼 만하다. 테슬라는 자율주행차의 핵심이라 할 수 있는 고품질의 데이터와 AI 역량에서 경쟁력을 가지고 있다. 테슬라는 개발하는 모든 차량에 오토파일럿 기능을 탑재하고 있으며, 소프트웨어 업데이트를 통해 자율주행 기능을 개선하도록 구현하였다. 특히, 소프트웨어 구독 시스템을 도입하여 최신 소프트웨어를 사용자가 원하는 형태로 구매할 수 있도록 하는 새로운 서비스도 채택하고 있다.

🔺 구글 웨이모

🔺 엔비디아 자율주행차

지금까지 살펴본 것처럼 인공지능은 의료나 자동차뿐만 아니라, 인공지능을 탑재한 교육 서비스(에듀테크), 지능형 보안 시스템, 메타버스(Metaverse)로 확장하고 있는 가상현실이나 게임 등과 같이 우리의 주변 환경 대부분을 변화시키고 있다.

2 인공지능의 발달 과정

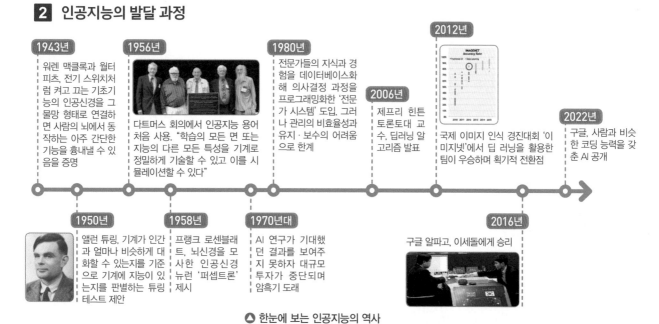

1943년
워렌 맥클록과 월터 피츠, 전기 스위치처럼 켜고 끄는 기초기능의 인공신경을 그물망 형태로 연결하면 사람의 뇌에서 동작하는 아주 간단한 기능을 흉내낼 수 있음을 증명

1956년
다트머스 회의에서 인공지능 용어 처음 사용. "학습의 모든 면 또는 지능의 다른 모든 특성을 기계로 정밀하게 기술할 수 있고 이를 시뮬레이션할 수 있다"

1980년
전문가들의 지식과 경험을 데이터베이스화해 의사결정 과정을 프로그래밍화한 '전문가 시스템' 도입. 그러나 관리의 비효율성과 유지·보수의 어려움으로 한계

2006년
제프리 힌튼 토론토대 교수, 딥러닝 알고리즘 발표

2012년
국제 이미지 인식 경진대회 '이미지넷'에서 딥 러닝을 활용한 팀이 우승하며 획기적 전환점

2022년
구글, 사람과 비슷한 코딩 능력을 갖춘 AI 공개

1950년
앨런 튜링, 기계가 인간과 얼마나 비슷하게 대화할 수 있는지를 기준으로 기계에 지능이 있는지를 판별하는 튜링 테스트 제안

1958년
프랭크 로센블래트, 뇌신경을 모사한 인공신경 뉴런 '퍼셉트론' 제시

1970년대
AI 연구가 기대했던 결과를 보여주지 못하자 대규모 투자가 중단되며 암흑기 도래

2016년
구글 알파고, 이세돌에게 승리

🔺 한눈에 보는 인공지능의 역사

출처 주간경향, 2022. 5. 23. (http://weekly.khan.co.kr/khnm.html?mode=view&code=114&art_id=201904221341581)

인간의 삶에 깊숙이 들어오게 된 인공지능의 시작은 어땠을까? 인공지능의 발전 과정을 이해하려면 1943년에 최초로 인공신경망 개념을 제시한 워렌 맥컬록(Warren McCulloch)과 월터 피츠(Walter Pitts)의 연구부터 살펴볼 필요가 있다. 이들은 인공신경망이 1936년 튜링의 논문에 나오는 튜링 머신[2]과 유사하게 작동한다고 설명하였으며, 계산이 가능한 함수라면 뉴런이 연결된 모든 망을 통해서도 계산할 수 있다는 것을 보여주었다. 이처럼 인공신경망의 초기 모델은 1940년대에 제시되었으나, 단층으로 구성된 신경망이 실제로 성능을 보이기까지는 오랜 시간이 걸렸다. 2000년대에 들어와서야 인공신경망은 딥 러닝으로 발전하며 그 존재감을 드러내게 되었다. 인공신경망에 대한 이야기는 본 책의 2장에서 더욱 자세히 다루고자 한다.

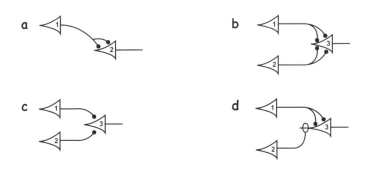

○ 워렌 맥컬록과 월터 피츠가 제안한 인공신경망 개념

출처 http://www.cs.cmu.edu/~./epxing/Class/10715/reading/McCulloch.and.Pitts.pdf

인공신경망에 관한 아이디어가 제시된 이후, 인공지능의 개념을 더 명확히 하고 이를 판별하기 위한 여러 아이디어가 등장하게 된다. 이는 앞에서 살펴본 1950년 튜링의 논문에서 제안된 실용적 방법, 즉 '튜링 테스트'를 통해 구체화되었다. 1956년에는 존 맥카시(John MacCarthy), 마빈 민스키(Marvin Minsky), 클로드 섀넌(Claude Shannon) 등 기계 지능, 인공신경망, 오토마타 분야를 연구하는 전문가 10명이 다트머스(Dartmouth)에서 워크숍을 열었다. 여기에서 처음으로 '인공지능(Artificial Intelligence)'이라는 용어를 학술적으로 정의하였고, 이를 계기로 인공지능은 컴퓨터 과학의 새로운 학문 분야로 탄생하였다. 이후 다트머스 워크숍 참가자들은 그 제자들과 함께 인공지능에 관한 연구를 주도하여, 오늘날 인공지능 분야의 기반을 갖추는 데 이바지하였다.

---

2) 튜링은 1936년 'On Computable Numbers, with an Application to the Entscheidungsproblem' 이라는 논문을 발표하여 오늘날의 컴퓨터 작동 원리에 대한 초기 아이디어를 제시하였다.

존 매카시	마빈 민스키	클로드 섀넌	레이 솔로모노프	앨런 뉴얼
허버트 사이먼	아서 사무엘	올리버 셀프리지	나다니엘 로체스터	트렌차드 모어

⬤ 본격적으로 인공지능을 연구한 다트머스 워크숍 참가자들

1958년 프랑크 로젠블랫(Frank Rosenblatt)은 맥컬록과 피츠가 시작한 인공신경망 기반의 계산을 위한 구조를 퍼셉트론(Perceptron)으로 개념화하였다. 퍼셉트론은 입력(Input)과 가중치(Weight)의 곱을 모두 더한 뒤 활성함수(Activation Function)를 적용해서 그 값이 0보다 크면 1, 0보다 작으면 −1을 출력하는 선형 분류기의 구조였다.

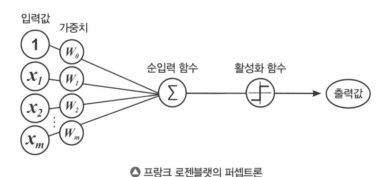

⬤ 프랑크 로젠블랫의 퍼셉트론

출처 https://sebastianraschka.com/Articles/2015_singlelayer_neurons.html

하지만, 이러한 퍼셉트론이 단층으로 이루어지면 XOR 연산[3]이 실질적으로 불가능하다는 것이 마빈 민스키와 시모어 페퍼트(Seymour Papert)에 의해 지적되었다. 퍼셉트론 기반의 인공지능이 특별한 성능을 보이지 못하고 회의론이 지속되자, 인공지능 분야에 대한 투자도 급격하게 식어 갔다.

---

3) XOR 연산: 주어진 두 개의 명제 중 하나만 참인 경우를 판단하는 연산이다.

1980년대에 들어서 연구자들은 기존의 한계점을 보완하고자 인공지능의 적용 범위를 전문 지식이 필요한 전형적인 영역으로 제한하고, 컴퓨터 프로그램에 전문가의 의견과 문제풀이 방식을 추가하는 전문가 시스템(Expert Systems)을 개발하는 데 주력하였다. DENDRAL 프로젝트는 이러한 전문가 시스템의 대표적인 예라고 할 수 있다. DENDRAL은 화학제품의 특성을 분석하기 위해 스탠퍼드대학교에서 개발한 시스템이다. DENDRAL은 처음에는 전통적인 방법을 활용해 화학제품의 모든 분자 구조를 생성하고, 각 구조에 대한 질량을 예측하는 형태로 작업을 수행하였으나, 수백만 가지 경우의 수가 나타나게 되면서 프로그램이 전혀 계산할 수 없는 문제에 부딪히게 되었다. 이에, 개발자들은 전문가들이 사용하는 몇 가지 패턴을 프로그램에 적용하여 경우의 수를 크게 줄이는 방식으로 문제를 해결해 갔다. 특히, 문제해결에 전문가의 지식뿐만 아니라, 경험과 추측에 기반한 휴리스틱(Heuristic) 방법을 적용하기도 하였다. 이러한 전문가 시스템은 특정 분야의 문제를 상당 부분 해결하는 성과를 보이기도 하였지만, 다양한 분야의 전문 지식을 명확히 패턴화하거나 구조화하는 데는 한계가 있었다. 이러한 현상을 시식 획득 병목현상(Knowledge Acquisition Bottleneck)이라고 부르기도 하였다.

2006년 제프리 힌턴(Geoffrey Hinton)은 인공신경망 이론을 발전시켜 'Deep Belief Nets', 이후 '딥 러닝'이라 불리게 되는 알고리즘을 발표하였다(Geoffrey E. Hinton, 2006). Deep Belief Nets 이론은 신경망 학습에서 기존의 한계점을 보완하기 위한 해결책을 제시하였다. 특히, 신경망 학습 과정에서 사전 학습(Pretraining)을 적절하게 시키면 다층 퍼셉트론이 가진 문제점을 효율적으로 해결할 수 있음을 보여줌으로써, 인공지능의 성능을 대폭 개선하는 데 기여하였다.[4] 2012년 딥 러닝은 세계 최대의 이미지 인식 경연 대회인 ImageNet Large Scale Visual Recognition Challenge(ILSVRC)에서 월등한 성능으로 1위를 차지하며, 인공지능 분야의 대세로 자리 잡았다. 2016년에는 구글의 딥마인드에서 개발한 인공지능 바둑 프로그램인 '알파고'가 프로 기사 이세돌과의 대국에서 승리하여 국내는 물론 전 세계적으로 이슈가 되었다. 이러한 딥 러닝은 제프리 힌턴 외에 다양한 학자들이 개발한 인공지능 알고리즘, 풍부해진 데이터와 이를 처리할 수 있는 하드웨어의 발달 등에 힘입어 지금과 같이 모든 사회 · 경제 분야로 확대될 수 있었다.

---

4) 딥 러닝에 대한 개념은 'part2 '에서 자세히 살펴본다.

1 인공지능을 이해하기 위한 5가지 빅 아이디어!

인공지능이 일상생활에 큰 영향을 끼치고, 인공지능 기술의 거듭된 발전으로 사회가 격변하면서, 무엇보다 인공지능을 잘 이해하고 활용하는 능력이 필요해졌다. 인공지능을 선도하고 있는 미국에서는 2018년에 모든 사람을 위한 인공지능 교육 이니셔티브(AI4K12)를 발족하며, 인공지능에 대한 5가지 핵심 아이디어를 제시하였다.

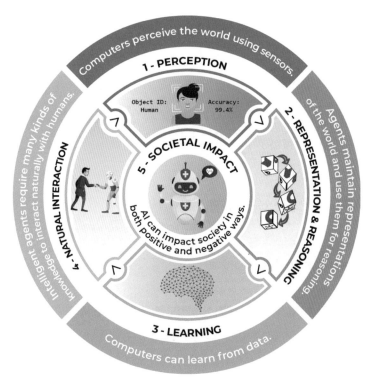

🔺 AI4K12의 5가지 빅 아이디어[1]

인공지능의 5가지 빅 아이디어는 1. 인식(Perception), 2. 표현과 추론(Representation & Reasoning), 3. 학습(Learning), 4. 자연스러운 상호작용(Natural Interaction), 5. 사회적 영향(Societal Impact)이다. 이 장에서는 사례를 통해 5대 아이디어에 관해 가볍게 살펴보고, 이후 본책의 각 장을 통해 그 개념을 구체적으로 이해하기 위한 다양한 학습 활동을 제시하고자 한다.

---

1) 5가지 빅 아이디어는 한국어를 포함한 각국의 언어로 번역되어 AI4K12.org에서 Big Ideas Poster로 공유되고 있다.

❶ 인식(Perception)

〈개념〉**"컴퓨터는 센서를 사용하여 세상을 인식한다."**
인식에 대해 이해하기 위해서는 컴퓨터 하드웨어(또는 컴퓨터 시스템)에 대한 개념인 센서를 이해하고, 인간의 감각 인식 능력과 비교ㆍ분석함으로써, 감지(Sensing)와 인식(Perception)의 차이를 알아야 한다.

인공지능을 이해하기 위해서는 인식(인지)하는 것과 단순히 감지하는 것이 다르다는 것을 깨달아야 한다. 예를 들어, "인식은 지식을 사용하여 감지된 신호에서 의미를 추출한다." 슈퍼마켓 자동문에는 센서가 설치되어 있어서 무엇인가를 감지한다고는 할 수 있지만, 무엇인가를 인식한다고 할 수는 없다. 즉, 자동문으로 무엇인가 들어온 것은 알 수 있지만, 누가 들어왔는지는 정확히 알 수 없는 것이다.

센서를 통해 감지된 신호에서 의미(누구인지를 알기 위한 작업)를 추출하기 위해 지식이 필요하다면, 그 지식은 어떤 모습일까? 얼굴 인식의 경우에는 눈, 코, 입 모양과 움직임 등으로부터, 음성 인식의 경우에는 소리, 강세, 억양 등으로부터 다양한 지식을 추출할 수 있을 것이다.

이처럼 인식에 대한 개념을 명확히 파악하면, 앞으로 인공지능을 이해하는 과정에서, 왜 Siri 또는 Alexa와 같은 지능형 에이전트가 특정한 억양을 사용하거나 발음이 명확하지 않은 사람들을 인식하는 데 어려움을 겪는지 그 이유를 알게 된다.

❷ 표현과 추론(Representation & Reasoning)

〈개념〉**"인공지능은 세상을 이해할 수 있는 지식과 정보를 구조화(표현)하고 이를 활용하여 추론한다."**
컴퓨터 과학 용어에서 표현은 '자료구조'이며 추론은 알고리즘에 의해 수행된다. 표현과 추론에서는 어떤 식으로 지식이 구조화되고, 이를 활용해 어떻게 추론을 하게 되는지 상호관계를 알아야 한다.

표현과 추론은 우리가 지도를 활용하여 경로를 계획하는 것과 같은 관계에 있다. 즉, 지식을 추상화해 지도로 표현하고, 이를 참고해 목적지를 찾아가는 것이다. 또 다른 대표적인 사례로 의사결정트리를 들 수 있다. 의사결정트리는 인공지능 알고리즘에서 일반적으로 사용하는 방법론으로, 입력 변수를 바탕으로 목표 변수의 값을 예측하기 위한 모델 생성을 목표로 한다. 즉, 아래 그림과 같이 맨 위 질문 노드에서 입력된 변수에 대해 각 내부 노드들을 따라가며, 가장 적절한 답을 찾게 되는 것이다.

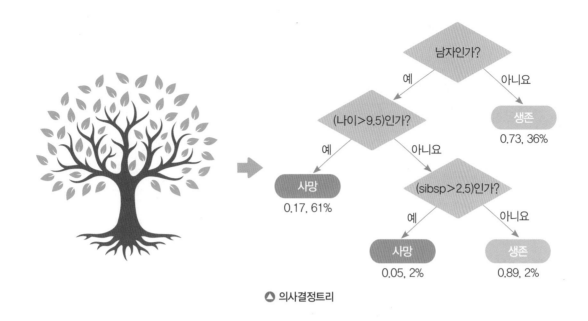

△ 의사결정트리

표현과 추론에서 핵심 개념의 하나는 표현과 추론의 상호의존성이다. 추론 알고리즘은 추론할 수 있는 무엇인가가 필요하며, 추론 알고리즘을 작동할 방법이 없다면 표현 또한 아무런 의미가 없다. 앞에서 언급한 지도 예시를 살펴보면, 지도에서의 위치 표현은 두 장소 사이의 경로를 찾아낼 수 있는 경로 계획 알고리즘이 있어야 한다. 또한, 표현은 알고리즘에 활용될 뿐만 아니라, 알고리즘에 의해 생성되거나 조정될 수도 있다는 것을 이해하는 것이 중요하다. 예를 들어, 경로 계획 알고리즘에 의해 생성된 경로는 또 다른 표현이기도 하며, 더욱 적절한 표현을 위한 피드백을 통해 경로나 지도의 표현이 변경될 수도 있을 것이다. 이처럼, 표현과 추론을 아는 것은 향후, 인공지능 기반의 알고리즘을 설계하기 위해 더 효율적인 방법이 무엇인지 이해하는 토대가 될 것이다.

❸ 학습(Learning)

〈개념〉"컴퓨터는 데이터를 바탕으로 학습한다."
인간이 학습하는 방법과 컴퓨터가 학습하는 방법의 차이점과 공통점을 아는 것이 필요하다. 또한, 컴퓨터가 학습하는 방법에 있어서 데이터가 어떤 역할을 하는지도 알아야 한다.

머신러닝에 기반한 인공지능은 크게 '데이터에서 패턴'을 찾거나 '시행착오'를 기반으로 행동을 최적화하는 방법으로 학습한다. 이 중 '데이터에서 패턴 찾기' 개념은 데이터에 레이블이 붙어 있는 지도학습(Supervised Learning)과 데이터에 레이블이 붙어 있지 않은 비지도학습

(Unsupervised Learning) 방법이 있다. 시행착오를 통해 배우게 되는 강화학습(Reinforcement Learning)은 상황이 얼마나 잘 진행되고 있는지를 나타내는 스칼라값(Scalar Value) 즉, 강화 신호(Reinforcement Signal)만 제공된다. 상황을 개선하기 위해 다양하게 무엇인가를 시도해야 한다는 것을 알려 주지 않기 때문에 강화학습 알고리즘은 스스로 다양한 시도를 통하여 문제를 해결하는 방법을 터득하게 된다. 이처럼 머신러닝의 핵심적 학습 알고리즘에 대한 이해는 최신 인공지능이 어떻게 만들어지는지 알기 위해 필요할 뿐 아니라, 데이터 세트의 중요성, 데이터 편향성 발생 등을 파악하기 위해서도 매우 중요하다.

❹ 자연스러운 상호작용(Natural Interaction)

〈개념〉 **"지능형 에이전트는 인간과 자연스럽게 상호작용하기 위해서 다양한 종류의 지식이 필요하다."**
인간과 자연스러운 상호작용을 위해서는 컴퓨터가 자연어를 이해하는 방법, 감성과 마음을 이해하는 방법 등을 알아야 한다.

자연어 이해는 인간의 요구를 이해하는 것, 텍스트에서 정보를 추출하여 특정 언어를 다른 언어로 번역하는 것 등을 포함한다. 언어는 종종 구문적으로 모호하기 때문에 텍스트에 가장 가까운 의미를 찾기 위해서는 어느 정도 의미 분석이 필요하다. 예를 들어, "존이 식당에서(from the restaurant) 그 남자를 보았다"는 것은 존이 그 남자를 보았을 때 식당에서 밖을 내다보고 있었다는 것을 의미하거나, 존이 이전부터 식당과 어느 정도 관련이 있는 남자를 보았다는 것을 의미할 수 있다. 그래서 화자가 어떤 의미를 의도한 것인지를 결정하기 위해서는 더 많은 문맥과 정보가 필요하다.

그리고 인간의 감정 상태를 인식하고 해결하는 감성 컴퓨팅에 대한 개념도 이해할 필요가 있다. 감성 컴퓨팅이란, 인간의 목소리 톤, 표정, 몸짓 등에 대한 분석을 통해 실망, 지루함 또는 흥분과 같은 감성을 효과적으로 진단하고 반응할 수 있는 상호작용 능력을 갖춘 인공지능을 의미한다.

이처럼, 인간과 인공지능이 공존하기 위해서는 다양한 지식이 필요하다는 것을 알아야 하며, 이는 한층 자연스러운 인공지능을 만드는 데 기초가 될 것이다.

❺ 사회적 영향(Societal Impact)

〈개념〉 **"인공지능은 긍정적인 면과 부정적인 면 모두에서 사회에 영향을 미칠 수 있다."**

인공지능의 개념과 인공지능이 만들어지는 원리를 이해하는 목적의 하나는 인공지능과 함께 살아갈 더 나은 세상을 만들기 위한 것이다. 그래서 인공지능과 관련한 윤리적 이슈와 사회에 미치는 영향력을 이해하는 것이 필요하다.

오늘날 인공지능이 사람의 일자리 결정, 정부의 감시 강화, 드론이나 군사 무기 개발 등에 이용될 수 있다는 점은 우리에게 불안감을 준다. 이와 달리 의료 진단 기술 및 치료법 향상, 신속한 신약 개발, 장애인과 고령자를 위한 로봇 보조 장치 개발, 산업 생산성 향상, 모든 연령대의 학습자를 위한 맞춤형 교육 제공 등 여러 가지 유익을 주기도 한다. 따라서 우리는 인공지능의 장단점에 대한 균형 잡힌 관점을 가져야 한다.

특히, 인공지능을 가치중립적으로 보기보다는 인공지능을 설계하고 개발하는 과정에서부터 향후 발생할 수 있는 윤리적 이슈나 사회적 갈등 요소를 미리 진단하고 이를 보완하는 방안을 탐구해야 한다. 이러한 접근 방법은 더 지속 가능하며, 인간과 함께할 수 있는 인공지능 기술과 서비스를 개발하는 데 핵심적인 역할을 하게 될 것이다.

1 튜링 테스트가 등장하게 된 배경과 규칙을 설명해 보자.

2 인공지능을 정의해 보자. 어떻게 정의할 수 있는가?

3 인공지능을 이해하기 위한 5가지 빅 아이디어는 무엇인지 설명해 보자.

CHAPTER 02

인공지능 윤리의 이해

오늘날 인공지능 시대로 진입하면서 우리 생활 전반에서 인공지능 기술이 사용되고 있다. 또한 제조업을 비롯하여 금융, 의료, 국방 등의 대부분 산업 분야에서 인공지능 기술이 사용되며 그 발전 속도도 매우 빠르다. 우리의 일상 영역과 산업 전반에서 활용되고 있는 인공지능 기술이 미치는 영향력은 어느 정도인가?

인공지능은 생활에 편리함을 주지만, 그에 따른 부정적 영향은 없는지도 생각해 볼 때다.

본 장에서는 인공지능이 우리 사회에 미치는 영향력을 알아보고 인공지능 윤리의 필요성과 인공지능 윤리 가이드라인에 대해서 살펴보려고 한다.

• 인공지능의 양면성을 이해한다.
• 인공지능 윤리가 필요한 이유를 알 수 있다.
• 인공지능 윤리 가이드라인의 필요성을 이해한다.
• 다양한 인공지능 윤리 가이드라인을 알 수 있다.

인공지능의 양면성, 인공지능 윤리의 필요성, 인공지능 가이드라인

THINK 다음 글을 읽고 질문에 답해 보자.

 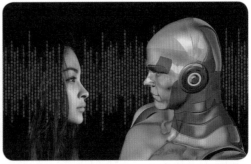

농경사회에서 인간은 가축의 힘을 빌려 농사를 지었다. 인간이 농사에 이용한 대표적인 가축은 소였다. 소가 자라서 힘이 세지면 부리기 어려워지므로, 인간은 '코뚜레(소의 콧구멍 사이에 구멍을 내고 끼우는 나무 고리)'를 사용하여 소의 힘을 다스렸다.

오늘날 우리는 인공지능의 힘을 빌려 더 많은 일을 쉽고 빠르게 할 수 있게 되었다. 하지만, 인공지능이 우리의 삶에 미치는 영향력이 커질수록 인공지능을 통제할 코뚜레가 필요한 것은 아닐까?

QUESTION 인간과 인공지능은 어떻게 공존해야 할까?

1 인공지능의 양면성

오늘날 우리는 이미 인공지능 사회로 진입하였고, 인공지능 기술은 매우 빠른 속도로 성장하고 있다. 지문 인식 기술, 얼굴 인식 기술 등 우리는 이미 일상생활에서 인공지능을 활용한 각종 서비스를 이용하고 있다. SNS나 인터넷 포털에서 다양한 물건을 추천하는 시스템, 문장 자동 완성 시스템과 번역 프로그램 등 여러 분야에서 인공지능 관련 기술을 접하고 있다. 제조업뿐만 아니라 금융, 의료, 국방 등 거의 모든 산업 분야에서 크든 작든 인공지능 기술이 사용되고 있으며, 관련 서비스도 계속해서 발전하고 있다. 전문적인 분야뿐만 아니라 레저, 스포츠, 문화, 교통 등 일상 영역에서도 인공지능을 활용한 기술 서비스를 쉽게 접할 수 있다. 이러한 기술 서비스 덕분에 우리는 더 편리하고 유용한 서비스를 활용하여 많은 일과 문제들을 신속하고 효율적으로 해결하는 등 다양한 혜택을 누리고 있다. 다양한 인공지능 기술 서비스가 우리의 생활에 유용함과 편리함만을 주는가? 인공지능이 사회에 미치는 부정적 영향은 없는지에 대해서 생각해 볼 필요가 있다.

◆ 인공지능의 사회적 영향

인공지능의 발전 속도가 빨라지면서 전문가들은 인간이 맞게 될 인공지능의 위험성에 대해서 심각하게 언급한 바 있다. 2014년 MIT 100주년 심포지엄에서 테슬라의 CEO 일론 머스크(Elon R. Musk)는 "인공지능에 관한 연구는 우리가 악마를 소환하는 것이나 다름없다."라고 하였다. 그는 왜 우리의 삶을 윤택하고 편리하게 만드는 인공지능 기술에 대해 악마를 소환한다고 표현했을까? 일론 머스크는 2014년 CNBC 인터뷰에서 이런 말도 하였다. "인공지능의 발달은 영화 터미네이터와 같은 끔찍한 일을 현실에서 일어나게 만들 수도 있다." 테슬라는 지금 자율주행차를 연구하고 있으며, 인공지능 서비스의 상용화에 힘쓰는 기업이다. 그런 기업의 CEO가 인공지능에 대하여 부정적인 견해를 내놓고 있다. 또한, 2018년 SXSW 콘퍼런스에서는 "명심하라. 인공지능은 핵무기보다 위험하다."라고 하였다.

일론 머스크(Elon Musk,테슬라 CEO)

"인공지능 연구는 우리가 악마를 소환하는 것이나 마찬가지"(2014. MIT 100주년 심포지엄)

"인공지능의 발달은 영화 터미네이터와 같은 끔찍한 일을 현실에서 일어나게 만들 수도 있다"(2014. CNBC 인터뷰)

"명심하라. AI는 핵무기보다 위험"(2018. SXSW 기술 컨퍼런스)

인공지능이 끊임없이 발전하는 시점에서 테슬라 CEO 일론 머스크는 '인공지능이 인류에게 얼마나 심각한 위협을 가할 수 있는가?'라는 경고성 발언을 몇 차례에 걸쳐서 하고 있다. 이런 발언이 의미하는 것은 무엇일까? 인공지능이 오늘날 다양한 분야에 사용되고 있기 때문에 올바른 목적으로 공동선을 위해 잘 사용되지 못한다면 인류에게 심각한 피해와 위협을 가할 수 있다. 만약 인공지능이 자율성을 갖춘 무기와 통합되어 악용된다면 살인 무기가 될 수도 있다. 현재 인공지능은 거의 모든 전 세계 전력 시스템의 안전한 작동을 보장하지만, 만약 해킹을 당하거나 악용된다면 대규모의 파괴력을 가질 수 있다. 또한, 소셜 미디어에서는 인공지능을 통해 사용자의 선호도, 사고방식 등의 정보를 알아내어 마케팅에 활용하는데, 여기에 사용된 데이터와 알고리즘이 조작되면 정보 선동과 사회적 조작이 발생할 수 있다. 이뿐만 아니라 데이터 수집 과정에서 개인의 얼굴 인식 및 온라인 활동과 사생활 추적 등으로 사생활 침해나 사회적 억압 등의 문제를 일으킬 수 있다. 또한 인류와 인공지능 간의 목표가 불일치한다면 도덕성이 없는 문제해결 방법으로 인간이 원치 않는 결과를 내놓아 인간을 위험에 빠뜨릴 수도 있다. 이러한 인공지능의 위험성을 예측하고 우리는 어떤 인공지능을 만들어야 하는지, 인공지능의 개발과 활용 방향에 대해서 함께 고민해 봐야 할 것이다. 인공지능이 올바른 방향으로 개발되어 착한 인공지능이 만들어질 때 인류에 유익한 산물이 될 수 있을 것이다.

이러한 인공지능의 사회적 영향력에 대해서 스티븐 호킹(Stephen W. Hawking) 박사도 중요한 말을 하였다. 2016년 케임브리지대학교 LCFI(Leverhulme Centre for the Future of Intelligence) 개소식 연설에서 스티븐 호킹은 "강력한 인공지능의 등장은 인류에게 일어나는 최고의 일이 될 수 있지만, 최악의 일이 될 수도 있다."라고 하였다. 즉, 어느 쪽이 될지 아무도 알 수 없다고 한 것이다. 또한, 2017년 웹 서밋 기술 콘퍼런스에서는 "우리가 인공지능에 대처하는 방

공지능이 어떻게 만들어지는가에 관해 관심이 커지고 있다. 이에 따라 제조, 의료, 법률, 금융, 국방 등의 산업 분야별로 적용 가능한 윤리 이슈가 정립되고 있다. 또한, 법과 관련해서 입법과 정책의 조율이 필요해지고, 인공지능 관련 산업의 발전과 조화를 이룰 윤리 가이드라인이 나오고 있다. 이 흐름을 종합해 보면 로봇 자체의 책무를 강조했던 기계 윤리에서 사람을 위한 윤리로 인공지능 윤리 담론이 변화하였고, 앞으로는 산업 발전에 기여할 수 있는 방향으로 그 논의가 변화하고 있다고 하겠다.

• 인공지능 윤리 담론의 변화

로봇/AI 윤리 (기계 윤리)	사람의 윤리 (개발자, 공급자, 이용자)	산업 분야별 윤리
• 로봇 3원칙 • 인공적 도덕 행위자의 윤리적 설계	• 지능형 로봇 윤리헌장 • 지능정보사회 윤리 가이드라인 • 지능정보사회 윤리헌장	• 제조 · 의료 · 법률 · 금융 · 국방 등 산업 분야별 적용 가능한 윤리 기준 정립 • 입법 · 정책과의 조율 • AI 관련 산업 발전과 조화

정리해 보면, 초창기에 우리가 인공지능 윤리라는 개념을 꺼냈을 때는 '로봇은 어떠해야 한다', '인공지능은 어떠해야 한다'와 같은 윤리적 해석에 따라 로봇이나 인공지능의 책무를 정하였다. 하지만 로봇과 인공지능을 만드는 것은 사람이다. 따라서 인간에게 위협을 가하지 않는 선한 인공지능을 만들기 위해서는 개발자 윤리, 즉 전문가 윤리에 관심을 두는 방향으로 나아갔다. 그래서 개발자, 공급자, 이용자와 관련된 사람 중심의 윤리를 생각하게 되었다. 인공지능을 개발하고, 공급하고, 이용하는 사람들은 어떠한 책무성을 가져야 하는가? 어떤 책무성을 가지고 객관적이고 공정한 알고리즘을 만들 것인가? 그러한 인공지능이 사회에 선한 영향력을 미칠 수 있는가? 인공지능이 사회에 통용되면 사회에 필요한 여러 가지 데이터들을 만들어 내고, 인공지능은 다시 그 데이터들을 통해서 훈련되기 때문에 공급자와 이용자 윤리에 관한 부분이 의미 있는 것이다. 즉, '로봇이 어떠해야 한다', '인공지능이 어떠해야 한다'는 것이 아니라 그것을 만드는 개발자, 전문가를 위한 가이드라인을 제공하는 것이 중요하다고 할 수 있다.

최근에는 산업 분야별로 인공지능이 발전하다 보니 관련된 산업 분야와 조화를 이루는 방향에서 인공지능 윤리를 강조하고 있다. 인공지능 윤리에 대한 논의가 인간과 사회에 대한 일반적 총론이나 규범에 그칠 것이 아니라, 이제는 인공지능 자체에 대한 신뢰성을 도출할 수 있고 윤리 산업 발전에 기여할 수 있는 인공지능을 개발하고 활용하는 것에 대해 논의할 시점이라고 할 수 있다.

3 인공지능 윤리의 발전

기계 윤리의 대표적 원칙인 아이작 아시모프(Isaac Asimov)의 '로봇 3원칙(Three Laws of Robotics)'에 대해 알아보자. 1942년 아이작 아시모프는 소설 '런어라운드(Runaround)'에서 로봇의 3원칙을 언급함으로써 로봇은 어떠해야 한다는 윤리를 제시하였다.

로봇 3원칙은 다음과 같다.

1원칙, "로봇은 인간에게 해를 끼치거나 아무런 행동도 하지 않음으로써 인간에게 해가 가도록 해서는 안 된다."

2원칙, "1원칙에 위배되지 않는 한 로봇은 인간의 명령에 복종해야 한다."

3원칙, "1원칙과 2원칙에 위배되지 않는 한 로봇은 자신을 보호해야 한다."

그 후 아시모프가 1985년에 쓴 소설 '로봇과 제국(Robots and Empire)'에서 로봇 0원칙을 추가함으로써 로봇과 관련된 원칙은 총 4개가 되었다. 이 0원칙은 1원칙보다 앞선다는 의미에서 0이라는 숫자를 부여하였는데, "로봇은 인류에게 위해가 가해지는 것을 방치해서는 안 된다."라는 것이다. 1원칙과 0원칙의 큰 차이점은 '인류'라는 표현에서 나타난다. 0원칙에서는 '인간' 대신 '인류'라고 표현한 것이다. 즉, 로봇은 인류 전체에게 해를 끼쳐서는 안 된다는 것이 요지이다.

0원칙	로봇은 '인류'에게 위해가 가해지는 것을 방치하여서는 안된다.
1원칙	로봇은 인간에게 해를 끼치거나, 아무런 행동도 하지 않음으로써 인간에게 해가 가도록 해서는 안 된다.
2원칙	1원칙에 위배되지 않는 한 로봇은 인간의 명령에 복종해야 한다.
3원칙	1, 2원칙에 위배되지 않는 한 로봇은 자신을 보호해야 한다.

⊙ 아이작 아시모프의 로봇 3원칙

그 후 로봇의 활용 분야가 다양해지고, 로봇과 사람의 공존에 관한 관심이 커짐에 따라, 2004년 일본 후쿠오카에서는 '후쿠오카 세계 로봇 선언(Fukuoka World Robot Declaration)'이 발표되었다. 그 내용은 다음과 같다. 첫 번째, "차세대 로봇은 인간과 공존하는 파트너가 될 것이다." 두 번째, "차세대 로봇은 인간을 육체적, 정신적으로 보조할 것이다." 세 번째, "차세대 로봇은 안전하고 평화로운 사회 구현에 기여할 것이다." 이것은 로봇이 인간과 같이 공존하고 함께 살아가며 결국 인류의 발전을 돕는 보조적인 파트너 역할을 할 것이라는 의미이다. 이런 두 개의 '원칙'과 '선언'은 결국 '로봇은 어떠해야 한다', '인공지능은 어떠해야 한다'는 기계 윤리의 관점에서 도출된 것이라고 볼 수 있다.

차세대 로봇은 인간과 공존하는 파트너가 될 것이다.

차세대 로봇은 인간을 육체적으로 그리고 정신적으로 보조할 것이다.

차세대 로봇은 안전하고 평화로운 사회 구현에 기여할 것이다.

🔺 후쿠오카 세계 로봇 선언

2000년대 이후에 로봇 활용 분야가 다양해지고, 로봇과 사람의 공존에 관한 관심이 높아지면서 '인간과 로봇이 어떠해야 하는가?' 하는, 즉 서로에게 필요한 협력적 관점이 제시되었다. 2007년 유럽 로봇 연구 연합(EURON)이 '로봇 윤리 로드맵'을 발표했는데, 이를 계기로 로봇 연구 개발자들을 위한 가이드가 만들어졌다. 먼저 로봇에 선행하는 윤리 원칙 13개가 제시됐는데, 인간의 존엄과 인간의 권리, 평등·정의·형평의 문제, 편익과 손해, 문화적 다양성을 위한 존중, 차별과 낙인화 금지, 자율성과 개인의 책무성, 주지된 동의, 프라이버시, 기밀성, 연대와 협동, 사회적 책무, 이익의 공유, 지구상의 생물에 대한 책무 등이다. 인간과 로봇이 연구할 때, 특히 인간이 로봇을 연구할 때는 이러한 윤리 원칙들이 로봇 연구에 선행해야 한다는 의미를 지닌다.

로봇에 선행하는 윤리 원칙(13개)	
• 인간의 존엄과 인간의 권리	• 프라이버시
• 평등, 정의, 형평	• 기밀성
• 편익과 손해	• 연대와 협동
• 문화적 다양성을 위한 존중	• 사회적 책무
• 차별과 낙인화 금지	• 이익의 공유
• 자율성과 개인의 책무성	• 지구상의 생물에 대한 책무
• 주지된 동의	

🔺 유럽 로봇 연구 연합의 로봇 윤리 로드맵(2007)

4 인공지능 윤리 가이드라인

'로봇 윤리 로드맵' 이후 국제기구 및 해외 주요국에서는 인공지능 개발 가이드라인을 발표했다. 신뢰할 수 있는 인공지능 개발을 위해 일본은 2017년에 '인공지능 연구개발 가이드라인'을, 유럽연합은 2019년에 '신뢰할 수 있는 인공지능 윤리 가이드라인'을 발표했다. OECD에서는 2017년에 'OECD Digital Economy Outlook 2017' 보고서에서 인공지능 알고리즘의 규범적 부분에 대한 가이드라인을 발표했다. 즉, 알고리즘의 규범적인 대응 원칙과 정책 방향을 제시했고, 2019년에는 이를 바탕으로 OECD AI 활용 원칙 권고안을 채택했다. 이러한 것들은 결국 기계 윤리에서 더 발전해서 '인공지능 로봇을 만드는 개발자들이 어떠한 로봇을 만들어야 하는가?'라는 알고리즘에 관한 윤리 문제와 관련된 것이다. 인공지능이 가져야 하는 책무성과 더불어 무엇보다 중요하게 생각할 부분은 바로 인권이다. 인간과 같이 살아가야 하는 인공지능, 또 인간과 함께 협력해서 앞으로 많은 일을 해야 할 인공지능이 인류에게 해를 끼치지 않으며, 인간을 돕고 인간의 선한 부분을 같이 발전시켜 인류 공영에 이바지해야 한다는 관점이 강조되고 있다.

인공지능 윤리에 관한 대표적인 두 가지 가이드라인을 살펴보자. 첫 번째는 미국 전기전자학회(IEEE)의 '윤리적으로 조정된 설계'이다. 'Ethically Aligned Design'이라고 해서 2016년에 첫 번째 버전이 만들어졌다. IEEE는 세계적인 영향력을 지닌 최대의 민간 기술자 단체다. 이 단체에서는 최초로 인공지능을 만드는 과정을 윤리적 관점에서 접근한 '윤리적 인공지능 디자인 지침서'를 발표하였다. 100여 명의 전문가가 참여하여 인공지능의 보편적 가치, 즉 인류 공영에 이바지할 보편적 가치를 추구하는 가이드라인을 제시한 것이다. 그 핵심 키워드는 사람과 인공지능 간의 신뢰 관계 회복이다.

• 미국 전기전자학회(IEEE)의 Ethically Aligned Design(v.1)

"세계최대의 민간 기술자 단체인 IEEE, 최초의 윤리적 인공지능 디자인 지침서 발표"

"100여 명의 전문가들이 참여하여 인공지능의 보편적 가치를 추구하는 가이드라인 제시"

"사람과 인공지능 간의 신뢰 관계 회복해야"

2016년에 발표한 윤리적으로 조정된 설계(v1) 내용	
① 인권(human rights)	② 책임(responsibility)
③ 투명성(transparency)	④ 교육과 인식(education and awareness)

2016년에 발표한 '윤리적으로 조정된 설계' 내용은 크게 네 가지로 정리할 수 있다. 첫 번째는 인권(Human Right)이다. 인간의 존엄한 권리인 인권이 인공지능 윤리의 첫 번째 키워드로 등장한다는 점에서 매우 주목할 만하다. 두 번째는 책임, 세 번째는 투명성, 네 번째는 교육과 인식이다. 교육과 인식은 우리가 실수로 또는 인지하면서 때로는 의도적으로 인공지능을 오용하거나 남용하는 것과 관련된다. 즉, 인간이 인공지능을 오남용할 수 있다는 것을 인식하고 이를 교육하는 것에 관한 내용이다.

• 미국 전기전자학회(IEEE)의 Ethically Aligned Design(v.2)

❶ 인권(human rights): 자율적 지능 시스템의 윤리적 설계, 개발, 실행은 국제적으로 인정되는 인권을 인정해야 한다.

❷ 복리(Well-Being): 자율적 지능 시스템의 윤리적 설계, 개발, 실행은 인간 복리의 측정을 우선시해야 한다.

❸ 책무성(accountability): 자율적 지능 시스템의 윤리적 설계와 조작자는 책임과 책무성이 요구된다.

❹ 투명성(transparency): 자율적 지능 시스템의 윤리적 설계와 개발, 실행은 투명해야 한다.

❺ 오남용에 대한 인식(awareness of misuse): 자율적 지능 시스템의 윤리적 설계, 개발, 실행은 오남용을 최소화해야 한다.

2017년에는 '윤리적으로 조정된 설계'의 두 번째 버전이 나왔다. EAD라고 축약해서 표현하는데, 여기에서는 다섯 가지 내용이 한층 구체적으로 제시되었다. 2016년의 지침서와 마찬가지로 첫 번째 내용은 인권이다. 인권은 그 후 우리나라에서 제시한 인공지능 윤리 가이드라인에서도 가장 강조되는 사항이다. 인권이 이처럼 강조되는 이유는 인간이 인공지능과 공존하려면 인권이 보호받고 침해받지 않는 것이 가장 중요한 조건이기 때문이다. 따라서 인공지능 시스템의 윤리적 설계, 개발, 실행은 국제적으로 인정되는 인권에 바탕을 두어야 한다. 두 번째는 복지다. 자율적인 인공지능 시스템의 윤리적 설계, 개발, 실행은 인간 복지의 측정을 우선시해야 한다. 세 번째는 책무성이다. 자율적인 인공지능 시스템의 윤리적인 설계와 제작에는 책임과 책무성이 요구된다. 네 번째는 투명성이다. 자율적인 인공지능 시스템의 윤리적 설계, 개발, 실행은 투명하게 이루어져야 한다는 것이다. 다섯 번째는 오남용에 대한 인식이다. 자율적인 인공지능 시스템의 윤리적 설계, 개발, 실행에서 오남용을 최소화해야 한다는 것이다.

지금까지 언급한 것은 인공지능을 만들 때 개발자가 준수할 가이드라인이라고 할 수 있다. 첫 번째, 인권을 침해하지 않는 인공지능을 만들 수 있는가? 만약에 이와 관련된 문제가 발생했을 때 그에 대한 책임의 문제, 그리고 인공지능이 어떻게 설계되고 제작되며, 어떤 방식으로 실행되고 운영되는지에 관한 일련의 과정을 투명하게 다루는 것까지 모두 포함하는 가이드라인이라고 할 수 있다. 이 가이드라인이 2019년에 First Edition으로 출간되면서 8개의 원칙이 보강되었다.

• 미국 전기전자학회(IEEE) Ethically Aligned Design, First Edition(2019)

이 개념틀(Conceptual Framework)에서는 원리에서부터 실천 실행 단계까지 가기 위한 세 개의 큰 기둥이 만들어졌다. 첫 번째는 인류의 보편적 가치, 두 번째는 정치적인 자기결정 및 데이터 관리, 세 번째는 기술적 신뢰성이다. 이러한 세 개의 큰 기둥을 바탕으로, 실행 단계에서 8개 원칙을 제시하였다. 8개 원칙은 인권, 복지, 데이터 관리, 효과성, 투명성, 책임성, 오남용에 대한 인식, 그리고 역량에 관한 부분이다. 앞선 버전 1, 버전 2와 달라진 것은 데이터 관리, 효과성 그리고 개발자의 역량에 대한 부분까지 가이드라인에 포함했다는 점이다.

다음으로 다룰 것은 아실로마 인공지능 원칙(Asilomar AI Principle)이다. 이것은 2017년 1월 7일 미국 캘리포니아 아실로마에서 '미래의 삶 연구소(FLI, Future of Life Institute)'가 개최한 '유익한 인공지능 콘퍼런스'에서 합의한 원칙이다. 이 콘퍼런스에는 테슬라의 일론 머스크(Elon R. Musk), 알파고의 창시자 데미스 허사비스(Demis Hassabis), 과학자 스티븐 호킹(Stephen W. Hawking) 등 2천여 명이 참석하였다. 아실로마 인공지능 원칙은 총 23개의 항목으로 이루어졌으며, 인공지능 개발에 대한 원칙을 섬세하게 다루었다. 제1항은 "인공지능 연구의 목표는 인간에게 유용한 지능을 개발하는 것이다."라고 하였다. 23개 항목으로 구성된 아실로마 원칙을 살펴보자.

아실로마 원칙은 세 가지 영역으로 구성되어 있다. 첫 번째는 연구 이슈, 두 번째는 윤리와 가치, 세 번째는 장기적 이슈이다. 특히 인공지능 윤리와 관련된 가이드라인은 두 번째 영역인 윤리와 가치 부분에서 다루고 있다. 연구 이슈 영역에는 연구 목표, 연구비 지원, 과학 정책 연계, 연구 문화, 경쟁 회피 등이 있고 윤리와 가치 영역에는 안전, 실패의 투명성, 사법적 투명성, 책임성, 가치 일치, 인간의 가치, 개인정보 보호, 자유와 프라이버시, 이익의 공유, 번영의 공유, 인간 통제, 사회 전복 방지, 인공지능 무기 경쟁 지양 등이 있다. 그리고 장기적 이슈 영역에는 역량에 대한 경고, 중요성, 위험성, 자기 개선 순환, 공동의 선 등의 원칙이 있다. 아실로마 인공지능 원칙은 인공지능 윤리 가이드라인을 만드는 데 있어서 전 세계적인 이목을 끌었으며, 여러 단체와 기관, 기업과 국가가 인공지능 윤리 가이드라인을 만드는 기폭제 역할을 한 의미 있는 원칙이라고 할 수 있다. 이 원칙들을 하나하나 간단히 살펴보자.

연구 이슈	윤리와 가치		장기적 이슈
• 연구 목표 • 연구비 지원 • 과학 정책 연계 • 연구 문화 • 경쟁 회피	• 안전 • 실패의 투명성 • 사법적 투명성 • 책임성 • 가치 일치 • 인간의 가치 • 개인정보 보호	• 자유와 프라이버시 • 이익의 공유 • 번영의 공유 • 인간 통제 • 사회 전복 방지 • 인공지능 무기 경쟁 지양	• 역량 경고 • 중요성 • 위험성 • 자기 개선 순환 • 공동의 선

🔺 아실로마 원칙

첫 번째 영역인 '연구 이슈'와 관련한 인공지능 연구의 목표는 인간에게 유용한 방향의 인공지능 개발이다. 즉, 인류에게 선한 영향력을 끼치는 인공지능을 개발해야 하며, 인류를 위협하거나 인간 세상에 피해를 주는 연구를 해서는 안 된다는 것이다. 이처럼 제1항에서 앞으로 인간과 인공지능이 공존하는 사회, 그리고 그런 사회에서 인간의 존엄성과 인권을 침해하지 않고 보존하고 존중하는 범위에서 인공지능 개발이 이루어져야 한다는 것을 다시 한번 확인할 수 있다.

두 번째 영역인 '윤리와 가치' 영역에 속하는 부분은 꼼꼼하게 살펴볼 필요가 있다. 첫 번째는 '안전'이다. 인공지능 시스템은 운영 과정에서 안전과 보안이 확보되어야 한다. 앞으로는 개발자뿐만 아니라 공급자, 이용자 등 인공지능 시대를 살아가는 사람이라면 누구나 이 안전을 고민하고 성찰해야 한다. '실패의 투명성'은 인공지능 시스템으로 인한 피해가 발생할 경우, 그 이유를 확인할 수 있어야 한다는 것이다. '사법적 투명성'은 권위 있는 기관이 인공지능 시스템을 감사하고 이에 만족스러운 설명을 제공할 수 있어야 한다는 것이다. '책임성'은 첨단 인공지능 시스템의 설계자와 구축자는 인공지능의 사용, 오용 및 행동에 도덕적 영향을 미치는 이해관계자이기 때문에 그에 따른 책임을 져야 한다는 것이다. '가치 일치'는 고도로 자율적인 인공지능 시스템의 목표와 행동이 인류의 보편적 가치와 일치하도록 설계되어야 한다는 것이다. '인간의 가치'는 인공지능 시스템이 인간의 존엄성, 권리, 자유 및 문화적 다양성에 적합하도록 설계되고 운영되어야 한다는 것이다. '개인정보 보호'는 인공지능 시스템이 사람이 생성한 데이터를 분석하고 활용할 수 있는 권한을 부여받으면 사람은 그 데이터에 접근하고 관리하며 통제할 수 있는 권한을 가져야 한다는 것이고, '자유와 프라이버시'는 인공지능을 개인정보에 적용할 경우에도 사람의 실제 자유 또는 인지된 자유가 부당하게 축소되어서는 안 된다는 것이다. '이익의 공유'는 최대한 많은 사람에게 혜택을 주는 것이다. 즉, 인공지능 기술이 특정한 집단이나 소수에게만 이익이 되는 것이 아니라 다수의 사람에게 이익이 되도록 공공의 선을 유지하고 공공의 이익을 공유해야 한다는 것이다. '번영의 공유'는 인공지능에 의해 만들어진 경제적 번영을 공유하는 것이다. 특히, 인공지능을 개발하는 소수의 기업, 아이티 기업들의 경제적 이익 추구도 중요하지만, 모든 인류가 혜택을 누릴 수 있도록 경제적 이익을 공유해야 한다는 것이다. '인간 통제'는 인간은 선택한 목표를 달성하기 위해 인공지능 시스템의 의사결정을 위임하는 방법과 위임 여부를 선택해야 한다는 것이다. '사회 전복 방지'는 고도의 인공지능 서비스를 통제함으로써 생기는 힘을 인류 발전을 위해서 사용하는 것이다. 이를 위해서는 건강한 사회를 지향하고 이를 지키려는 시민들을 존중하며 사회적 절차를 개선해야 한다. '인공지능 무기 경쟁 지양'은 치명적인 인공지능 무기를 개발하려는 군비 경쟁을 피해야 한다는 것이다. 그래서 각국이 무기를 만들고, 국방 시스템에 인공지능 기술을 탑재하는 것을 제한하기 위해서 국가적 또는 범국가적 차원에서 여러 규제가 이루어지고 윤리 지침이 만들어지는 것을 볼 수 있다.

다음으로 '장기적인 이슈'도 다섯 개의 관점으로 볼 수 있다. 첫 번째는 '역량 경고'다. 합의된 여론이 없는 상태에서 미래 인공지능 역량의 한계에 대한 강력한 가설은 삼가야 한다. 우리는 인공지능을 약인공지능, 강인공지능, 초인공지능으로 분류하기도 한다. 하지만 실제로는 그러한 인공지능이 아직 만들어지고 있지 않으므로, 현재 모든 인공지능 기술은 약한 인공지능이라고 볼 수 있는데, 이는 특정한 영역에서만 작동하는 인공지능을 가리킨다. 하지만 강인공지능, 인간을 뛰어넘는 인공지능과 더 나아가서 인류에서 강력한 영향력을 행사하는 초인공지능에 대한 상상이 구체화하고 영화로 구현되는 상황에서, 역량의 한계에 대해서 더욱 신중할 필요가 있다는 것을 이 '역량 경고' 원칙에서 찾을 수 있다.

'중요성'은 고도화된 인공지능이 지구상의 생명 역사에 심각한 변화를 가져올 수 있으므로, 그에 상응하는 관심과 자원을 계획하고 적절하게 관리해야 한다는 것이다. '위험성'은 인공지능 시스템

학습 목표
• 지식이 무엇인지 이해한다.
• 지식이 어떻게 표현되고 추론되는지 이해한다.
• 문제와 문제해결이 무엇인지 이해한다.
• 인공지능의 문제해결과 다양한 알고리즘을 이해한다.

학습 요소   지식, 지식의 표현, 문제와 문제해결, 알고리즘

THINK   기상청에서는 날씨를 예측하기 위해 많은 정보를 수집하여 분석한다. 하늘을 관찰하여 구름의 종류와 구름이 향하는 방향을 분석하면 날씨 변화에 대한 정보를 얻을 수 있다. 구름의 모습을 관찰하여 날씨를 예측해 보자.

예 • 구름이 하얀색을 띠고 높게 떠 있으면, 날씨가 좋다.
• 구름이 낮고 어두운 빛깔을 띠면, 비나 폭풍이 올 것이다.
• 뭉게구름이라 불리는 적운이 보이면 같은 날 소나기가 내릴 것이다.
• 고등어 비늘처럼 생긴 고적운이 보이면, 36시간 이내에 거센 비가 올 것이다.

QUESTION   하늘을 관찰하여 얻는 정보로 오늘 날씨를 예측해 보자.

1 지식의 개념

인공지능은 인간의 지능을 모방하는 것에서 시작하여 오늘날에는 데이터를 통해 스스로 학습하는 단계에까지 이르렀다. 인간의 지식이란 무엇인지 살펴보고, 지식의 표현과 추론에 대해서 알아보자.

지식이란 어떤 대상에 대해서 배우거나 실천을 통해 알게 된 명확한 인식이나 이해, 알고 있는 내용이나 사물 등을 말한다. 아래 그림의 지식 피라미드와 같이 지식과 지혜를 얻기 위해서는 데이터와 정보가 필요하다. 데이터는 관찰, 측정을 통해서 수집된 사실이나 값, 수치, 문자 등 가공되지 않은 원본 자료를 말한다. 여기에 맥락이 포함되어 의미가 들어가면 정보가 된다. 정보는 데이터 중 사용자가 필요로 하는 데이터로서 사용자의 필요에 의해 정제되고 가공된다. 이러한 정보에서 가치를 추구하면 지식이 된다. 지식은 정보를 일반화하고 체계화하여 즉시 적용 및 활용이 가능한 형태로 나타난다. 여기에 높은 수준의 통찰이 더해지면 지식을 뛰어넘는 지혜가 된다. 지혜는 지식에 유연성을 더하고, 상황이나 맥락에 맞게 규칙을 적용하는 것, 근본 원리에 대한 깊은 이해를 바탕으로 도출되는 창의적 아이디어를 의미한다.

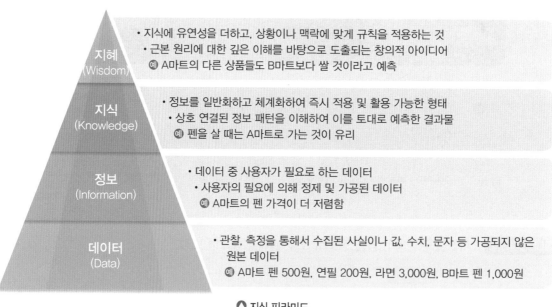

지혜 (Wisdom)
- 지식에 유연성을 더하고, 상황이나 맥락에 맞게 규칙을 적용하는 것
- 근본 원리에 대한 깊은 이해를 바탕으로 도출되는 창의적 아이디어
- 예 A마트의 다른 상품들도 B마트보다 쌀 것이라고 예측

지식 (Knowledge)
- 정보를 일반화하고 체계화하여 즉시 적용 및 활용 가능한 형태
- 상호 연결된 정보 패턴을 이해하여 이를 토대로 예측한 결과물
- 예 펜을 살 때는 A마트로 가는 것이 유리

정보 (Information)
- 데이터 중 사용자가 필요로 하는 데이터
- 사용자의 필요에 의해 정제 및 가공된 데이터
- 예 A마트의 펜 가격이 더 저렴함

데이터 (Data)
- 관찰, 측정을 통해서 수집된 사실이나 값, 수치, 문자 등 가공되지 않은 원본 데이터
- 예 A마트 펜 500원, 연필 200원, 라면 3,000원, B마트 펜 1,000원

🔺 지식 피라미드

출처 https://itwiki.kr/w/DIKW_피라미드

지식 피라미드로 표현된 것과 같이 지식의 형성은 위계적 특징을 갖는다. 인공지능에는 많은 양의 데이터와 정보 지식 등이 활용되고, 특히 데이터는 인공지능의 핵심 재료가 된다. 초기 인공지능 연구에서는 수많은 지식을 사람이 직접 기계에 입력해 지능적 기계를 만들었다. 그러나 수많은 지식을 직접 입력하는 것도 어려웠고, 변화하는 지식을 전문가를 통해서 다 만들어 내기도 쉽지 않았다. 최근 인공지능 연구에서는 사람이 지식을 직접 입력하는 방식이 아니라, 데이터를 통해서 인공지능이 스스로 학습을 하고 지식을 만들어 가게 되었다.

2 지식의 표현과 추론

인공지능은 지식을 체계적으로 조직, 저장하고 이를 효율적으로 활용해야 한다. 지식을 어떻게 효율적으로 표현하고 활용할 것인지는 중요한 연구 분야이다. 지식은 컴퓨터와 사람이 동시에 이해할 수 있는 형태로 만들어져야 하기 때문에 지식 표현(Knowledge Representation)은 구조화되고 체계화되어야 한다. 인공지능은 이러한 구조화된 지식 표현을 바탕으로 추론한다. 추론은 어떠한 판단을 근거로 삼아 다른 판단을 이끌어내는 것이라고 정의할 수 있다. 즉, 추론은 이미 알고 있는 정보, 확인된 정보로부터 논리적 결론을 도출하는 행위이며 그 과정을 의미한다. 자동화된 추론은 완전히 자동으로 추론할 수 있게 하는 컴퓨터 프로그램의 개발을 돕는다. 이는 인공지능의 하위 분야로 간주되며, 심지어 철학과도 연결되는 개념이다. 지식의 표현은 추론을 유도하고, 추론 알고리즘은 지식의 표현을 조정하는 기능을 하기 때문에, 지식의 표현과 추론의 관계는 매우 밀접하며 상호의존성을 갖는다.

대표적인 지식 표현 방법으로는 규칙, 논리, 의미망, 프레임 등이 있다. **규칙**은 가장 잘 알려진 지식 표현 방법으로 'IF ~ THEN'의 형태로 지식을 구조화한다. 이는 조건과 행동을 짝지어 주는 형태로, IF의 조건을 만족하면 지식은 THEN문이 실행되거나 논리적으로 참인 형태로 표현한다. 다음과 같이 규칙의 전제 조건이 일치하면 규칙은 점화되고 결론 부분이 실행된다. 규칙은 조건이 여러 개일 경우에 AND나 OR로 결합하여 구성할 수 있다.

> **규칙 #1** IF 비가 온다.
> THEN 우산을 가져간다.
> **규칙 #2** IF 온도가 35도 이상이다 AND 습도가 높다.
> THEN 에어컨을 켠다.

이렇게 규칙은 인간이 사고하는 방식과 매우 유사하며 지식을 입력하기가 쉽다. 우리가 흔히 알고 있는 동물에 관한 지식을 표현해 보고 다음과 같이 추론해 보자.

> **규칙 #1** 물에 산다. THEN 어류이다.
> #2 알을 낳는다. THEN 어류이다.
> #3 털이 있다. THEN 포유류이다.
> #4 젖을 먹는다. THEN 포유류이다.

이러한 규칙에서 '만약 물에 살고 알을 낳는 것은 무엇인가'라는 질문의 답을 구하고자 한다면 '어류'라고 추론할 수 있다. 또한, '털이 있고 젖을 먹는 것은 무엇인가'라는 질문의 답을 구한다면 '포유류'라고 할 수 있다. 그러나 모든 규칙을 다 입력하는 것은 어려운 일이며 서로 상충하는 규칙들이 발생하기도 한다. 더욱이 스스로 학습하여 지식을 습득하는 기능은 없다.

지식의 두 번째 표현 방법은 **논리**이다. 논리는 명제논리와 술어논리가 있다. 논리는 참이나 거짓 중 하나를 가진 명제 문장을 기반으로 추론하는 지식을 표현한다. 명제논리는 참(T, true)이나 거짓(F, false)을 판별할 수 있는 문장으로 알파벳 글자로 명제를 표현한다.

> **P** = A 마트는 월요일부터 금요일까지 문을 연다.
> **Q** = 오늘은 일요일이다.
> **R** = 오늘 A 마트는 문을 열지 않는다.

이러한 논리는 AND, OR, NOT, →(함축), ↔(동치)를 사용하여 복합명제를 만들 수 있다. 명제논리에서는 그 진술이 항상 참이나 거짓 중 하나를 가지는데, 만약 그 조건이 참인지 거짓인지 모르는 미확인 상태라면 추론은 더 이상 진행될 수 없다.

또한, 술어논리는 하나의 명제를 객체와 술어로 나누어 표현한다. 이는 더 구체적인 지식 표현이 가능하다는 이점이 있다.

> 명제논리: 바나나는 노란색이다.
> 술어논리: 노란색(바나나)

이러한 논리를 통해 귀납적 추론과 연역적 추론을 할 수 있다. 귀납적 추론은 만일 전제가 참이

3 의사결정트리

의사결정트리는 데이터를 분석해서 데이터 사이의 패턴을 예측 가능한 규칙의 조합으로 나타내는 것이다. 이것은 일종의 '스무고개' 게임에서 질문을 주고 그에 따라 답하는 형태로 정답을 알아가는 과정과 흡사하다. 예를 들어, 주어진 데이터에 대한 예측을 위해 그림과 같이 '기체인가?'라는 질문을 제시할 때, Yes라 하면 '수증기'라는 결론을 도출할 수 있다. 그러나 No라 하면, 다시 '고체인가?'에 대한 질문을 제시하고, 이에 대해 No라고 하면 '물'이라는 결론을 도출할 수 있고, Yes라 하면 '얼음'이라는 결론을 도출할 수 있다.

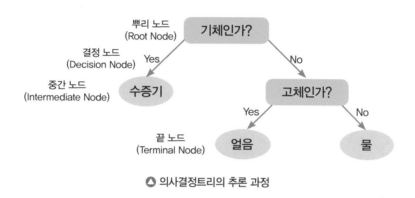

▲ 의사결정트리의 추론 과정

이러한 규칙의 조합을 그래프로 표현하면 그 모양이 나무와 같이 생겼다고 해서 트리라고 하며, 물인지 얼음인지와 같이 결정이 가능한 트리이므로 '의사결정트리'라고 불린다. 의사결정트리는 추론에 쉽게 도달할 수 있게 도와주며, 지식을 인코딩하기 위한 간단한 절차만 있으면 누구나 그릴 수 있다. 항상 최상위에 있는 루트 노드에서 시작하고, 질문 노드인 아래 노드에 도착하면 해당 노드에 있는 질문을 해야 하고, Yes/No의 결과에 따라 다음 노드로 이동한다. 이 과정은 추론 알고리즘이 어떻게 작동하는지를 보여준다.

의사결정트리에서 또 하나 중요한 것은 확장 절차이다. 다음 그림과 같이 말단 노드에 도착하여 '펭귄'이라고 답하였지만, 정답이 '문어'였다면, 다음과 같은 2가지 정보를 얻어야 한다.

(1) 펭귄과 문어를 구별하는 질문은 어떤 질문인가? (2) 문어에 대한 정답은 무엇인가? 그다음 '펭귄'이라는 답이 표시된 답변 노드인 말단 노드를 "그것은 깃털이 있는가?"라는 새로운 질문으로 질문 노드인 비말단 노드로 바꾸어 의사결정트리를 변경할 수 있다. 그러면 펭귄과 문어로 표시된 2개의 말단 노드가 생성된다. 이 절차를 거치면서 인간의 지식이 어떻게 자료 구조로 표현되고 인공지능이 어떻게 학습하는지를 알 수 있다.

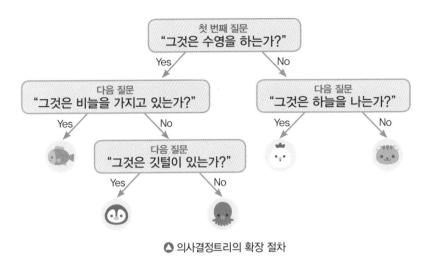

○ 의사결정트리의 확장 절차

출처 Kong, S. C., & Abelson, H. (Eds.). (2022). Computational Thinking Education in K-12: Artificial Intelligence Literacy and Physical Computing. MIT Press.

　의사결정트리는 다음 장에서 소개될 머신러닝의 일종인 지도학습의 분류(Classification)와 회귀(Regression) 방식에 모두 적용할 수 있다. 의사결정트리를 만들 때는 데이터를 분류하거나 예측한 후에 각 단계의 순도(Homogeneity), 즉 구분하려는 요소가 최대한 잘 분류되도록 진행해야 한다. 이를 반대로 표현하자면, 불순도(Impurity) 혹은 불확실성(Uncertainty)이 최대한 감소하는 방향으로 학습을 진행해야 한다. 이러한 불순도를 지표로 만든 것을 엔트로피(Entropy)라고 한다. 즉, 의사결정트리는 엔트로피를 최대한 낮추는 방향으로 분류 규칙을 만들어야 한다.

AI는 어떻게 **소설**을 쓸 수 있을까?

4차 산업혁명 시대를 맞이해 인공지능(AI)을 활용한 기술이 여러 분야에서 발전하고 있다. 기술의 발전으로 AI가 대체하게 될 직업군을 주제로 사회적 논의가 이루어지는 과정에서 인간의 전유물이라고 여겨졌던 문화·예술 영역에 대한 관심도 커지고 있다. 특히, 지난 8월, AI가 쓴 장편소설이 국내에서 단행본으로 발표되면서 문화·예술 영역에 도전하는 AI의 행보에 관심이 집중되고 있다. 이번 AI 특집 기사에서는 AI의 국내 첫 장편소설과 소설 창작의 원리에 대해서 살펴보고자 한다.

AI 소설가 비람풍의 장편소설 『지금부터의 세계』

지난 8월 25일 스타트업 '다품다'가 개발한 AI 비람풍과 김태연 소설가가 작업한 국내 최초 AI 장편소설 단행본이 출간되었다. 이 소설은 수학과 교수 겸 벤처사업가, 천체물리학자 등 다섯 명의 주인공이 수학을 매개로 존재의 비밀을 탐구하는 내용이다. 비람풍은 이 소설을 쓰기 위해 단행본 약 1천 권 정도의 자료를 학습했으며, 사람이 입력한 설계도에 따라 세세한 이야기를 작업하였다.

AI의 소설 작성 과정

AI는 논리 추론과 딥 러닝 기반 언어 처리 기술을 활용하여 소설을 작성하며, 이를 수행하기 전 기존 소설 문장 수백만 개를 학습한다. 아직 AI만으로는 완전한 창작이 불가능하므로 사람이 소설의 설계도를 짜면 AI가 세부적인 이야기를 작성하는 식으로 진행된다. 예를 들어 사람이 시·공간, 인물, 배경 등의 정보와 도입 문장을 입력하면, AI는 입력된 정보를 바탕으로 상황을 추론하여 소설을 작성한다. 입력된 배경을 고려해 장소와 날씨 정보를 확보하고, 행동을 추론하는 단어를 통해 세부적인 이야기를 구성하는 식이다.

AI가 구사하는 문장 자체는 별도로 교정하지 않아도 될 정도로 수준이 높지만, 이야기 구성력과 표현력은 인간을 따라가기엔 부족하다. 따라서 명령어를 통해서 결과물을 조정하거나 원하는 결말이 있을 때는 그에 맞는 결말을 입력해 주어야 한다.

AI 소설의 역사와 미래

1973년 미국 위스콘신대학교 연구팀이 소설을 작성하는 AI를 발표한 것을 시작으로 2008년에는 러시아에서 AI가 쓴 『진정한 사랑』이 출판되었다. 2016년 일본에서는 AI 소설 『컴퓨터가 쓰는 날』이 과학소설 문학상 예심을 통과했으며, 2017년 중국에서 AI 시집이 출간되었다. 2018년에는 미국에서 AI 제임스의 『길 위 1번지』라는 작품이 소개되었다.

AI의 문학 창작에 대해 아직은 여러 의견이 맞서는 상황이다. AI는 인간의 창작물과 유사한 것을 대량 생산하는 작업을 하게 될 뿐이라는 의견이 있는가 하면, 인간보다 우월한 표현력을 가진 창작의 주체로서 창작의 주도권을 쥐게 될 것이라는 예측도 있다. AI의 창작 능력이 현재로선 부족하지만, 미래에는 인간의 글쓰기의 번거로움을 줄이는 역할을 담당하게 될지 주목해 볼 필요가 있을 것이다.

출처 코딩월드뉴스, 2021. 11. 16.(https://www.codingworldnews.com/news/articleView.html?idxno=6912)

1 자료, 정보, 지식, 지혜의 개념을 설명해 보자.

2 인공지능을 설계하기 위해 인간의 지식을 표현하는 다양한 방법을 설명해 보자.

3 문제해결을 위한 탐색 알고리즘의 종류와 특징을 설명해 보자.

4 의사결정트리에 대해 설명해 보자.

CHAPTER 02

학습하는 인공지능

인공지능의 머신러닝은 인간을 모방하여 데이터를 통해 학습하는 방식이다. 데이터로 학습하는 머신러닝은 레이블(정답)의 유무에 따라 지도학습과 비지도학습 그리고 강화학습의 방식으로 구분할 수 있다.

이와 더불어 인공신경망 기반의 딥 러닝이 등장하여 다양한 산업 분야에서 빅데이터를 바탕으로 매우 빠르게 성장하고 있다.

본 장에서는 머신러닝의 개념과 특징을 이해하고, 딥 러닝과 빅데이터의 관계 등을 알아본다.

학습 목표
- 데이터를 기반으로 학습하는 머신러닝의 개념과 구조를 이해한다.
- 지도학습, 비지도학습, 강화학습의 머신러닝 학습 방식을 이해한다.
- 인공신경망을 기반으로 한 딥 러닝의 개념과 활용 분야에 대해 이해한다.

학습 요소 머신러닝, 지도학습, 비지도학습, 강화학습, 인공지능 알고리즘 구조, 데이터 세트, 딥 러닝

THINK 머신러닝 이미지 인식 기술은 딥 러닝을 기반으로 매우 빠르게 발전해 왔다. 오늘날 인공지능은 사람보다 높은 수준의 인식 기술을 지닐 수도 있고, 아래의 이미지와 같이 사진 속의 물체나 상황을 분석하여 제시해 줄 수도 있다. 그런데 아래 두 이미지에서 두 사람이 각각 들고 있는 것을 인공지능이 어떻게 다르게 인식하는지 살펴보고, 왜 그런 결과가 나왔는지 논의해 보자.

흑인이 들고 있는 물건에 대한 분석	총 88%, 사진기 68%, 화기 65%, 식물 59%
아시아인과 흰 피부(손)를 가진 사람이 들고 있는 물건에 대한 분석	첨단 기기 68%, 전자 기기 66%, 사진기 62%, 핸드폰 54%

QUESTION 머신러닝 이미지 인식 기술은 수많은 데이터를 바탕으로 한 학습을 통해 이루어지며, 빅데이터의 생성은 이러한 머신러닝 발달을 촉진하고 있다. 그러나 이처럼 빠른 발전에도 불구하고, 동일한 물건이나 상황에 대해서 위와 같이 다른 결과가 나오는 학습 결과를 방지하려면 어떻게 해야 할까?

1 데이터 기반 인공지능으로

받은 편지함에 도착한 스팸메일 한 통의 영향력은 매우 크다. 메일을 여는 순간 바이러스 감염으로 컴퓨터가 망가지거나 해킹을 당할 수도 있다. 이러한 스팸메일은 스팸이 아닌 척하거나 교묘하게 위장하기도 한다. 그래서 이러한 스팸을 막기 위해서는 다양한 방법을 동원할 수밖에 없다.

당신이 만약 이메일을 스팸 또는 일반 메일로 분류하는 프로그램을 만들기 위해 고용되었다면, 어떻게 해야 할까? 간단하게 생각하자면, 먼저 기존 스팸메일의 제목이나 본문에 들어가는 모든 단어를 분석하여 '(광고)', '★☞☜' 같은 특수 기호, '모집 중', '무료 배포', '제목 없음', '쿠폰' 등의 공통된 단어를 파악할 수 있다. 그리고 새로운 메일이 도착할 때 이러한 단어를 포함하는 메일을 스팸으로 거르도록 하는 프로그램을 만들면 어느 정도 효과가 있을 것이다. 그러나 이 방법은 스팸이 아님에도 스팸으로 인식하는 등의 오류가 쉽게 발생할 수 있고, 나날이 교묘해지는 스팸 제공자들의 새로운 수법을 모두 찾아내어 반영하기는 더욱 어려울 것이다.

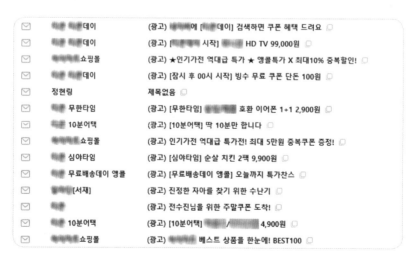

🔺 각종 스팸메일

당신에게 필요한 것은 당신 대신 스팸메일의 규칙을 스스로 찾아주는 프로그램일 것이다. 그 프로그램을 위해 준비할 것은 당신이 이미 했던 방식과 동일하게 스팸 또는 스팸이 아닌 메일로 구분하는 훈련용 데이터이다. 그리고 새로운 프로그램을 이용해 당신 대신 메일 내 텍스트(단어의 분포)를 분석하고 특정 단어가 포함될 경우, 그 메일이 스팸일 확률을 스스로 예측하도록 학습시킬 수 있다. 모든 규칙을 당신이 수동으로 '만약 ~라면, ~이다' 식의 길고 복잡한 코드를 직접 만들어 내지 않아도 된다.

② 데이터로 학습하는 머신러닝

인간의 학습과 머신(컴퓨터)의 학습을 구별하는 것은 중요하다. 머신러닝(Machine Learning)은 데이터에서 패턴을 찾거나, 시행착오를 기반으로 행동을 최적화하는 2가지 기법 중 하나를 따른다. 인간도 이러한 방법으로 학습하기도 하지만 더 다양한 방법으로 학습한다. 예를 들면, 다른 사람을 관찰하거나, 질문하거나, 실험하거나, 과거 경험과 연결하는 등의 방법을 통해 학습한다. 이러한 '인간의 학습'은 인간의 마음이나 행동, 인지 기능을 구조화하여 나타낸 인간의 더 큰 '인지 구조(Cognitive Architecture)'의 일부이기 때문에 일반적이고 유연하다. 반면, '머신의 학습'은 '전용 알고리즘'에 의해 이루어지며, '특정 작업을 수행'하는 데 중점을 둔다고 할 수 있다.

인공지능 체커 플레이어(Checker Player) 게임을 개발한 아서 사무엘(Arthur Samuel)은 1959년에 '머신러닝'이라는 용어를 처음 사용하였다. 사무엘은 머신러닝을 '명시적으로 프로그래밍하지 않더라도 컴퓨터에 학습 능력을 부여하는 연구 분야'라고 정의하였다. 다시 말해, '머신러닝은 인간이 명시적으로 행동을 프로그래밍하지 않더라도 컴퓨터가 행동을 학습할 수 있게 한다.'라고 할 수 있다. 또 다른 방식으로 머신러닝을 정의하면 '머신러닝은 추론기(Reasoner)를 구현할 수 있는 방법'이라고 할 수 있다.

따라서 인간이 학습 알고리즘을 프로그래밍하고, 학습 알고리즘이 '추론기'를 구현하면, 그 추론기는 이미지 속의 고양이를 인식하거나, 메일이 스팸메일인지 여부를 결정하는 등의 한정된 작업에 활용할 수 있다.

인간　≫　알고리즘　≫　추론기　인식≫

🔺 머신러닝 과정

3 머신러닝 알고리즘의 구조

컴퓨터를 실행하는 알고리즘은 '입력(Input)', '처리(Process)', '출력(Output)'의 세 단계로 구성된다. 입력 단계는 다양한 데이터를 키보드, 마이크, 카메라 등의 입력장치를 통해 컴퓨터에 전달하는 것이다. 처리 단계는 입력받은 데이터를 컴퓨터 내부의 중앙처리장치(CPU)를 통해 기억, 제어, 연산 등을 거쳐 원하는 결과를 만들어 내는 과정이다. 출력은 컴퓨터에서 처리한 결과를 문자, 이미지, 소리 등으로 사용자에게 전달하는 과정이다.

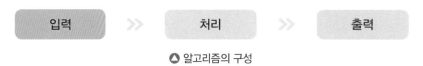
◐ 알고리즘의 구성

예를 들어, 핸드폰으로 영상을 만드는 과정을 이 세 단계로 살펴보면, 먼저 카메라로 여러 장의 사진이나 영상을 촬영하여 입력한다(입력). 그리고 해당 이미지를 꾸미거나 영상을 잘라 편집하여 하나의 영상으로 합치고 저장한다(처리). 그리고 최종 영상을 화면과 스피커를 통해 보고 들을 수 있게 한다(출력).

◐ 핸드폰으로 영상을 제작하는 과정

인공지능도 컴퓨터 알고리즘의 일종으로 입력, 처리, 출력의 단계를 거쳐 완성된다. 인공지능에서의 입력은 '데이터 세트(data set)'로 이루어진다. 데이터 세트란 이미지(Images), 측정 데이터(시간, 조회 수, 센티미터 등), 글자(Text), 비디오(Video) 등 정제된 데이터의 모음이라고 할 수 있다. 또한, 인공지능의 처리 과정은 다양한 인공지능 '학습 알고리즘'을 이용해 데이터 간의 패턴을 찾아 규칙을 만들어 내는 모델링 과정이라고 할 수 있다. 마지막으로 인공지능에서의 출력 과정인 '예측'은 기존의 전통적 프로그래밍 방식에서 제공하는 정답이나 결정된 산출물이기보다는 결과에 대한 '예측값'이라고 할 수 있다. 인공지능 이미지 분류기라면 특정 이미지에 대해 85%는 강아지로, 15%는 고양이로 예측된다고 출력할 수 있다.

1 사람의 뉴런을 닮은 인공신경망과 퍼셉트론

사람은 태어나서 유아기를 거치면 강아지와 고양이의 특징을 일일이 설명하지 않아도 구분할 수 있다. 이러한 인간의 학습 방식을 모방한 인공지능의 한 분야인 머신러닝은 계속 발전하고 있다. 그리고 이러한 머신러닝의 분야 중 하나가 딥 러닝(Deep Learning)이다.

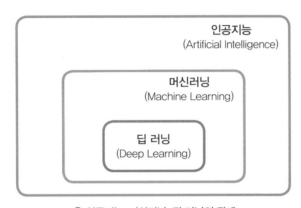

▲ 인공지능, 머신러닝, 딥 러닝의 관계

딥 러닝은 사람의 뇌 속에 있는 뉴런과 뉴런 간의 신경망 원리를 모방한 인공신경망(Artificial Neural Network) 구조를 통해 학습된다. 따라서 딥 러닝에서는 머신러닝과는 달리 데이터의 특징을 사람이 직접 추출하지 않으며 데이터 전체를 학습시킨다.

예를 들어, 동물의 이미지를 인식할 때, 머신러닝은 이미지에서 귀의 형태, 입의 구조, 수염 유무, 꼬리의 특징, 털의 색 등의 특징을 직접 입력하여 컴퓨터가 자동으로 그 특징들의 패턴을 찾는 방식으로 학습한다.

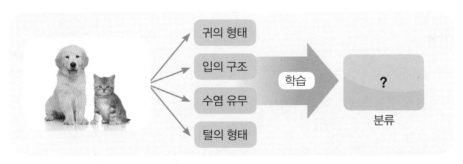

▲ 머신러닝을 통한 개와 고양이 분류

출처 https://dbrang.tistory.com/1419

반면, 딥 러닝은 각 동물의 특징 추출부터 패턴을 찾는 학습의 전 과정을 사람의 개입 없이 기계가 자동으로 수행하는 것이다.

⬛ 딥 러닝을 통한 개와 고양이 분류

출처 https://dbrang.tistory.com/1419

우리를 놀라게 했던 알파고도 이러한 딥 러닝 기술을 사용하였고, 필요한 물류를 예측함으로써 최적의 배송 시스템을 구축하는 새벽 배송 서비스, 사진 속 상황을 그대로 글로 기술하는 것 등도 딥 러닝으로 가능하다.

⬛ 새벽 배송 서비스

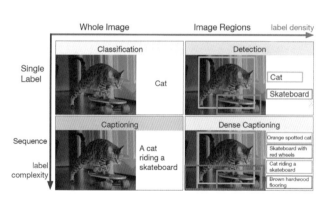

⬛ 이미지 캡셔닝

❶ 인공신경망

인간의 뇌에는 전기적 신호를 통해 정보를 전달하거나 처리하는 세포인 신경세포(뉴런)가 있다. 이러한 신경세포가 정보를 전달하고 무언가 학습하는 것은, 여러 개의 수상돌기에서 자극의 정도가 합쳐지고, 그 값이 어느 기준이 되는 임계치를 넘길 경우, 축삭돌기 끝으로 신호 전달 물질을 보내서 다음 신경세포의 수상돌기로 전달하는 원리이다. 이러한 신경세포들이 연결된 형태를 모방한 수학적 모델이 인공신경망이다.

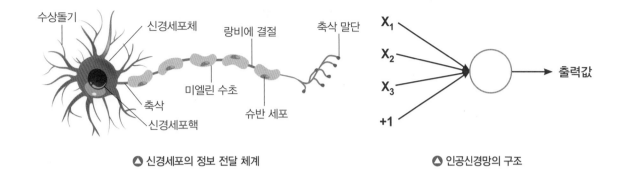

◙ 신경세포의 정보 전달 체계

◙ 인공신경망의 구조

❷ 퍼셉트론과 다층 퍼셉트론

현재 우리가 딥 러닝에서 이용하는 신경망 구조는 1958년 프랑크 로젠블랫(Frank Rosenblatt)에 의해 제안된 퍼셉트론이다. 퍼셉트론은 뉴런의 출력 신호를 발생시킬 것인지 말 것인지를 결정하는 알고리즘이라고 할 수 있다.

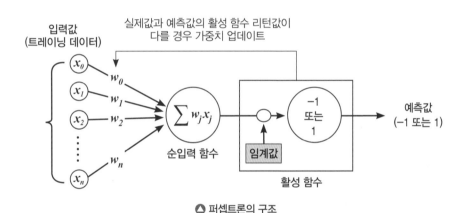

◙ 퍼셉트론의 구조

출처 https://m.blog.naver.com/PostView.nhn?blogId=samsjang&logNo=220948258166&proxy–Referer=https:%2F%2Fwww.google.com%2F

예를 들어 고객 명단에서 향후 재계약자와 탈퇴자를 예측하고 싶다고 할 때, 고객마다 나이, 성별, 주거지, 가족, 직장 등의 다양한 변수들이 있다. 퍼셉트론에서는 이러한 데이터를 특징 짓는 요소들을 입력값으로 사용해서 처리하여 하나의 결과값을 출력하는 구조로 되어 있다. 퍼셉트론의 성능을 높이기 위해서는 각각의 입력값에 곱했던 가중치를 바꿔 줘야 한다. 그리고 정답을 최대한 잘 맞히도록 최적의 가중치 조합을 찾는 것이 이 딥 러닝의 목표가 되는 것이다.

또한, 다층 퍼셉트론은 여러 개의 층을 쌓아서 단층 퍼셉트론으로는 해결하기 어려웠던 좀 더 복잡한 문제를 해결하였다.

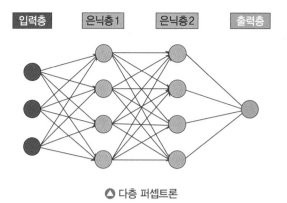

▲ 다층 퍼셉트론

출처 https://miro.medium.com/proxy/1*Gh5PS4R_A5drl5ebd_gNrg@2x.png

2 더 깊은 층을 쌓은 딥 러닝

2006년, 제프리 힌턴(Geoffrey E. Hinton)은 가중치의 초기값을 제대로 설정하면 깊은 신경망 학습도 가능하다는 것을 증명하였다. 즉, 신경망을 학습시키기 전에 적은 층으로 학습을 먼저 해 보는 것이다. 그래서 더 나은 초기값을 얻었는데, 이것을 사전학습이라고 하고 이것을 본 신경망 학습에 투입한 것이다. 이때부터 기존의 안 좋은 인상을 남겼던 인공신경망이나 퍼셉트론이라는 용어 대신 딥 러닝이라는 용어를 사용하게 되었다.

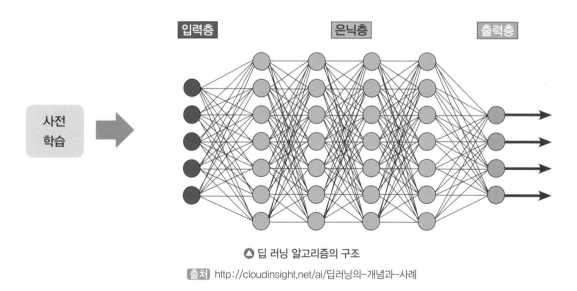

▲ 딥 러닝 알고리즘의 구조

출처 http://cloudinsight.net/ai/딥러닝의-개념과-사례

딥 러닝은 일반적으로 전통적인 신경 네트워크(Neural Networks), CNN(Convolutional Neural Networks) 및 RNN(Recurrent Neural Networks)의 세 가지 영역으로 크게 나뉜다. 전통적인 신

경 네트워크는 빅데이터에서 작동할 수 있는 일반적 구조이며, CNN은 이미지에서 작동할 수 있는 신경망이고, RNN은 텍스트 또는 소리와 같은 시퀀스에서 작동할 수 있는 신경망이다. 대체로 CNN을 통한 컴퓨터 비전 또는 RNN을 통한 자연어 처리를 사용한다.

자율주행차

음성인식 기술

얼굴 인식 기술

🔺 **딥 러닝의 활용**

딥 러닝은 잘 정리된 숫자 데이터와 같이 정형화된 데이터뿐 아니라, 정형화되지 않은 영상 데이터나 이미지 데이터를 인식할 수도 있다. 자율주행차에서 주변 물체를 인식하거나, 보안을 위해 얼굴 인식 기술을 사용하거나, 인간의 말을 이해하고 적당한 응답을 하는 것은 모두 딥 러닝 기술에 의한 것이다.

인간의 눈처럼 콩 색깔을 평가해
작황을 알아내는 드론과 인공지능

◔ 성장 중인 콩. 일리노이대학교 연구진은 드론으로 촬영한 사진을 AI로 분석해 단 2일 만에 작황을 알아내는
과정을 손쉽게 만들었다. (사진=위키피디아)

미국 일리노이대학교 연구팀이 드론과 인공지능(AI)을 사용해 콩 농장의 작황
(콩 성숙도)을 기존 방법보다 더 빠르고 정확하게 측정하는 방법을 개발했다고 '드론
DJ'·'유레카얼러트'가 보도하였다.

보도에 따르면, 사람이 농장에 갈 필요 없이 드론을 이용하여 작황 검수를 단 이
틀로 단축했다고 한다. 지금까지는 사람이 직접 농장으로 나가 하루 몇 시간씩 콩의
생육 상태를 검사해야만 했다.

일리노이대학교 연구원들은 콩 성숙도 측정의 효율성과 정확도를 향상시키기 위
해 드론과 AI로 눈을 돌렸다.

이 연구의 공동 저자인 니콜라스 마틴 일리노이대학교 농작물과학부 조교수는 "사
람이 콩 꼬투리 성숙도를 평가하는 것은 시간이 많이 걸리고 오류가 발생하기 쉽다.
꼬투리 색깔을 바탕으로 한 채점 시스템이라 사람의 편향도에 영향받기 쉽다. 많은
연구 그룹이 드론 사진을 활용해 성숙도를 평가하려 했지만 대규모로는 할 수 없었

다. 그래서 우리는 이를 위해 더 정확한 방법을 고안해 냈다. 사실 정말 멋졌다."라고 말했다.

드론은 많은 콩을 탐지하기 위해, 콩밭 상공을 비행할 때마다 몇 번씩 사진을 찍었다. 그리고 나서 연구진들이 각각의 비행 때마다 촬영한 이미지들의 차이를 알기 위해 사진을 서로 비교하였다. 드론이 정확한 데이터를 산출할 수 있도록, 두 나라에서 세 계절에 걸쳐 다섯 번이 같은 비교 실험을 하였다.

박사 과정 학생인 로드리고 트레비잔은 자신들의 방법에 대해 "사흘에 한 번꼴로 이미지를 수집하고 싶다고 치자. 하지만 어느 날 구름이 끼거나 비가 오면 그럴 수 없다. 결국 서로 다른 연도나 다른 위치에서 데이터를 얻으면 이미지 수와 간격 등에서 모두 다르게 보일 것이다. 우리가 개발한 주요 혁신은 우리가 수집할 수 있는 모든 것을 어떻게 설명할 수 있느냐 하는 것이다. 우리의 모델은 데이터 수집 빈도와는 무관하게 잘 작동한다."라고 설명했다.

일리노이대학교 연구진은 드론으로 확보한 시험 이미지를 심층 합성곱 신경망(Convolutional Neural Network)에 주입해 인간의 뇌와 비슷하게 생각할 수 있도록 하였다. 각 콩의 색깔, 모양, 질감을 이미지에서 뽑아낸 다음, 이전에 찍은 이미지와 비교해 결과를 냈다.

트레비잔은 심층 합성곱 신경망(CNN)이란 AI의 유형을 사용하였다. 그는 CNN은 인간의 뇌가 눈으로 받아들이는 이미지 구성 요소인 색, 모양, 질감을 해석하는 법을 배우는 방식과 비슷하게 작동한다고 말한다.

트레비잔은 "CNN은 모양, 테두리, 질감은 물론 약간의 색상 변화까지 감지한다. 우리가 하려고 했던 작업에는 색깔이 가장 중요했다. 그러나 우리가 사용한 AI 모델의 장점은 이 모델을 사용하면 수확률이나 콩깍지 속 콩의 수 같은 또 다른 특성을 예측하는 것이 상당히 간단하다는 것이다. 이제 우리가 이러한 모델들을 만들었기 때문에 사람들이 더 많은 작업을 하기 위해 동일한 AI 아키텍처와 전략을 사용하기가 훨씬 더 쉬울 것이다."라고 말했다.

마틴 조교수는 결론적으로 "연구 과정에 향후 몇 년 동안 반드시 이것을 사용하고자 하는 업계 파트너가 있었다. 그리고 그들은 매우 훌륭하고 중요한 기여를 했다. 그들은 그 해답이 현장 작물업자들이 결정을 내리고, 농작물을 고르고, 농부들에게도 타당한지 확인하고 싶어 했다."라고 말했다.

출처 로봇신문, 2020. 12. 15.(http://www.irobotnews.com/news/articleView.html?idxno=23298)

1 인간의 학습 방법과 기계를 학습시키는 방법을 비교하여 기술하시오.

....

....

....

2 컴퓨터를 실행시킬 수 있는 알고리즘이 입력-처리-출력의 단계로 이루어지는 것과 같이 인공지능의 구현 과정은 어떤 단계를 거치는지 기술하시오.

....

....

....

3 지도학습과 비지도학습의 다음 각 학습 방식에 대한 개념을 간단히 기술하고 각각의 사례를 하나씩 쓰시오.

학습 방식		개념	사례
지도학습	분류		
	회귀		
비지도학습	군집화		
강화학습			

CHAPTER 03

인공지능
학습에서의 윤리

인공지능 알고리즘을 설계할 때 그 알고리즘의 목적이 무엇인지 파악하는 것이 중요하다. 해당 알고리즘에 의해 영향을 받는 많은 집단과 개인의 입장은 다르기 때문이다. 잘못 설계된 인공지능 알고리즘 때문에 차별받거나 공정한 혜택을 받지 못하는 다양한 사례를 통해 알고리즘의 공정성에 대해 생각해 본다. 또한, 인공지능을 공정하게 만드는 요소로서 데이터의 공정성 문제는 매우 중요하다. 편향되거나 왜곡되지 않은 데이터로 인공지능을 학습시키는 것은 공정성을 담보하는 최선의 방법이기 때문이다. 이에 더해 인공지능의 판단을 신뢰할 수 있는가의 문제를 해결하기 위해서는 인공지능 알고리즘의 투명성을 확보해야 하고 설명 가능한 인공지능의 개념을 확립해야 한다. 본 장에서는 인공지능의 공정성과 신뢰성에 관한 문제를 탐색해 본다.

학습 목표
- 알고리즘의 목적이 이해관계자들의 가치에 따라 달라질 수 있음을 이해한다.
- 인공지능 알고리즘을 공정하게 설계하는 것의 중요성을 인식한다.
- 인공지능의 학습 과정에서 데이터의 중요성을 이해한다.
- 인공지능의 공정성에 영향을 미치는 데이터 편향성에 대해 이해하고, 데이터 편향의 종류를 알아본다.
- 인공지능의 신뢰성 확보를 위한 인공지능의 투명성에 대해 이해한다.
- 인공지능 알고리즘의 설명 가능성에 대해 알아보고, 이를 위한 구체적 방법을 이해한다.

학습 요소
인공지능의 목적, 인공지능의 공정성, 데이터 편향성, 데이터 편향의 종류, 인공지능의 투명성, 인공지능의 설명 가능성

THINK 사진 검색 알고리즘이 흑인에 붙인 '고릴라' 태그와 관련된 논란을 알아보자.

미국 뉴욕의 흑인 프로그래머가 웹 사진 검색기를 이용해 사진을 검색하던 중 자신과 흑인 여성 친구에 고릴라 태그를 붙인 것을 발견했다. 사진으로 보면 문제가 없지만, 검색 알고리즘이 흑인을 고릴라로 인식하여 '고릴라들(Gorillas)'이라는 태그를 붙인 것이다. 이에 대해 인종차별이라며 큰 반발이 일어났다.

QUESTION 위와 같은 일이 정치, 경제, 금융, 생활 등 다른 여러 분야에서 일어난다면 어떤 결과가 나타날까?

1　인공지능의 목적과 사회적 이익

우리는 인공지능 시대에 살고 있다. 인공지능 알고리즘이 나의 건강을 진단하고, 내게 필요한 콘텐츠를 추천해 주며, 심지어 특정 회사에 적합한 사람인지 아닌지 판단해 준다. 이처럼 인공지능 알고리즘은 우리 생활에 편의를 제공하지만, 어떤 경우에는 불공정한 결과를 초래하기도 한다. 따라서 인공지능 알고리즘이 산출하는 결과가 항상 정확하고 공정한지에 대해 생각해 보아야 한다.

대부분의 알고리즘은 개발자나 개발을 의뢰한 사람의 목적에 맞추어 개발된다. 이것은 개발자 (또는 개발을 의뢰한 사람)의 의도에 따라 데이터나 인공지능 알고리즘 모델이 달라질 수 있기 때문이다. 즉, 알고리즘 개발자에 의해 그 목적이 정해질 수 있다는 뜻이다. 이 때문에 인공지능 프로그램이 산출한 결과가 비윤리적일 수도 있다. 따라서 인공지능 알고리즘을 설계할 때는 해당 알고리즘을 둘러싼 이해관계자들의 목적이 무엇인지 최대한 고려할 필요가 있다.

의료 검진을 위해 나의 유전자 검사용 표본을 병원으로 보낼지 말지 결정한다고 가정해 보자. 이러한 결정의 목적은 무엇일까? 인류의 건강한 미래를 위한 위대한 목적일까, 아니면 자신의 최선의 건강 상태를 유지하려는 목적일까? 당연히 전자의 경우는 드물 것이다. 이것은 개인이 생각하는 우선순위와 공공의 우선순위가 다르고, 또한 사람마다 개인 또는 공공의 중요성을 생각하는 정도에 차이가 있기 때문일 것이다.

만약 치료법을 추천하기 위한 인공지능 의료 진단기를 만든다면, 그 인공지능은 누구를 위해 만들어야 할까? 개인일까, 인류일까, 기업일까? 우리는 이러한 질문에 대답할 준비가 되어 있어야 한다.

⬢ 인공지능 의료 진단기의 목적은?

예를 들어, 심한 기침을 동반한 감기 증상으로 병원에 찾아가서 의료 진단기에 의해 진단과 처방을 받는다고 생각해 보자. 그 의료 진단기는 나의 모든 불편을 해소해 주기 위해 항생제를 처방하고 시간이 걸리는 추가적 검사까지 최대한으로 실시할지, 인류 전체에 도움을 주도록 자원을 낭비하지 않고 다수의 대기자를 고려하여 최소한의 처방만을 할지 판단해야 할 것이다.

만일 의료 진단기가 개인의 이익이 아닌 인류 전체의 이익에 최적화되어 있다면, 특정 개인이 아니라 되도록 더 많은 사람의 생명을 살리는 목적에 따라 처방할 것이다. 즉, 우리가 특정한 인공지능 알고리즘을 가진 기기를 만들 때는, 항상 여러 이해관계자와 가치들을 따져 최종적으로 어떤 목적(가치)에 최적화할 것인지 결정해야 하는 것이다.

이 의료 진단기와 관련된 이해관계자는 진단을 받는 환자뿐 아니라, 보험사나 제약회사가 될 수도 있다. 보험사의 목적에 맞춘다면 비용을 최소화하도록 설계해야 할 것이고, 제약회사의 목적에 맞춘다면 자사의 이익을 높이는 특정 약품을 더 많이 사용하도록 설계해야 할 것이다. 따라서 다양한 이해관계자와 그들의 목적이 될 만한 가치를 최대한 고려하고 합의해 가는 과정은 윤리적으로 매우 중요하다.

서로 다른 목적을 가진 이해관계자들 간의 갈등은 의료 분야뿐 아니라, 교육, 법률, 산업, 경제, 정치 등 다양한 분야에서 발생할 수 있으며, 소소한 대립에서 커다란 대립에 이르기까지 미묘한 윤리적 문제에 직면할 수 있다. 그 갈등이 개인정보 보호와 공익 사이에 놓이든지, 개인과 인류 전체의 문제 사이에 놓이든지 그 해법을 찾기란 쉽지 않을 것이다.

이러한 이유로 인공지능 알고리즘을 인간의 의도나 정치적 의견 등과 상관 없는 중립적인 것으로 보기는 어렵다. 따라서 인공지능 변호사나 의료 진단기가 제시한 판단이 인간의 판단보다 더 객관적이고 더 믿을 만하다고 생각하면 위험할 수 있다. 그것은 인공지능이 내린 최종 판단이 인공지능이 학습한 데이터와 인공지능 알고리즘을 만든 사람에 따라 달라질 수 있기 때문이다.

따라서 인공지능의 내부가 블랙박스라고 해서 들여다보지 않고 무작정 의존하거나 신뢰하면 문제가 될 수 있다. 결과가 공정하지 못하거나 편향되는 비윤리적 문제는 인공지능 알고리즘의 설계, 데이터 수집, 알고리즘 활용 과정에서 모두 일어날 수 있다.

2 인공지능의 차별 금지

인공지능 알고리즘을 설계할 때는 의도하지 않았지만 결과적으로 불공정한 결과가 발생할 수 있다.

❹ 윤리 매트릭스 분석

(1) 1×1 윤리 매트릭스

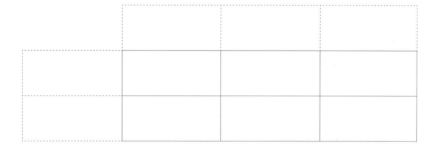

최적의 목적	
이유	

(2) 2×3 윤리 매트릭스

최적의 목적	
이유	

(3) 3×3 윤리 매트릭스

최적의 목적	
이유	

(4) 5×5 윤리 매트릭스

최적의 목적	
이유	

1 데이터의 중요성

인공지능 알고리즘은 나의 건강을 진단하거나, 내게 필요한 콘텐츠를 추천하거나, 내가 특정 회사에 적합한 사람인지를 판단해 줄 수도 있다. 이러한 인공지능 알고리즘의 판단은 어떤 데이터로 인공지능을 학습시켰는가에 따라 영향을 받는다. 따라서 우리가 어떤 인공지능 기술을 접할 때는 '이런 인공지능 기술을 구현하는 데는 어떤 데이터가 필요했을까? 그리고 어떤 데이터가 사용되었을까?' 하는 점을 깊이 생각해 볼 필요가 있다. 이제 우리 주변의 다양한 인공지능 기술을 떠올리며 인공지능에 입력된 데이터 세트가 무엇일지 생각해 보자.

우리는 지문이나 얼굴 인식을 통해 핸드폰 같은 스마트 기기의 잠금을 해제한 경험이 있다. 이런 인공지능 기술에는 어떤 데이터가 입력되는 걸까? 예전에 우리가 입력했던 지문 정보, 얼굴 인식 정보, 사진 자료에 담긴 정보, 홈 버튼을 누르는 사용자의 지문, 초기에 계속 입력하는 여러 부분의 지문 값, 또 여러 측면의 얼굴 값, 얼굴형이나 동공, 눈이나 코의 위치 같은 많은 정보가 이미 저장되어 활용된 것이다. 그런 입력된 값을 가지고 인공지능 알고리즘에 의해서 우리는 시스템의 잠금이 해제되는지, 해제되지 않는지에 관한 결과를 얻는다. 즉, 지문이나 얼굴의 일치 정도가 해당 기기의 잠금장치 해제 여부를 판단하는 것이다.

▲ 스마트폰을 이용한 얼굴 인식과 지문 인식

또 다른 예로 앱을 이용해서 노래를 인식하는 기술을 떠올려 보자. 이 기술에는 어떤 데이터가 사용되었을까? 예전에 들었던 노래의 제목이나 디지털화된 오디오 신호, 노래의 멜로디, 가사, 박

△ 입을 이용한 노래 인식

자, 리듬, 음의 높낮이, 각 노래가 사용한 악기, 가수의 목소리 패턴, 노래 가사를 제공하는 음원 사이트와 노래별 분야 정보, 장르별로 판별하는 어떤 특정한 리듬이나 특징들 같은 데이터 세트를 가지고 출력을 할 때, 우리가 기대하는 것은 내가 알고 싶어 하는 이 노래가 어떤 노래인지, 그리고 내가 원하는 노래와 일치하는지에 대한 정보일 것이다. 이것은 여러 음악과의 유사도로 측정할 수도 있고, 특정 음악과 일치도가 높은 구간을 통해서 결과물을 도출할 수도 있다.

내가 인공지능 챗봇 프로그램과 대화를 한다고 했을 때 그 챗봇은 어떤 데이터 세트로 학습하여 나와 대화할 수 있는 것일까? 사람들이 일상생활에서 대화한 자료들이 그대로 발화의 데이터로 사용되었을 것이고, 챗봇이 나와 상호작용하기 위해서, 나에 관해서 파악한 정보와 비슷한 타인의 정보를 매칭했을 수도 있다. 또 다양한 대화 내용, 채팅 기록이라든지, 자주 사용하는 단어나 문법, 채팅, 노출 빈도가 높은 질문, 기타 웹사이트, SNS의 정보 등이 있다. 이런 것들도 챗봇이 나라는 사람과 자연스럽게 대화하는 데 도움을 주는 데이터 세트가 될 수 있다. 이런 데이터 세트를 가지고 사용자가 원하는 내용을 말하거나 대화에 대한 예측과 상호작용을 할 수 있는 것이다.

△ 챗봇과의 대화

또 다른 예로 이메일의 스팸메일 분류나 중요 레이블(Label) 처리를 생각해 보자. 중요 레이블이 붙은 이메일을 받은 적 있는가? 메일에 '중요' 레이블이 붙거나 스팸 처리가 되었다는 것은 내가 이전에 이러한 판단을 내릴 수 있도록 어떤 데이터들을 제공했기 때문일까? 인공지능은 이전에 내가 중요 메일로 분류한 것들을 기억했을 수 있다. 또 이메일의 텍스트, 자주 열어본 이메일, 영수증에 있는 쇼핑 내용이나 목록, 가격 표시, 혹은 일정 기간 반복되는 메일의 패턴(자동 결제 메일 등), 송

수신 패턴, 사람들이 중요 표시를 많이 하는 단어 등도 분석했을 것이다. 오늘날 개인의 특성이 반영된 개인 맞춤형 서비스가 만들어지고 제공되는 것을 생각해 보자. 내가 어떤 인공지능 기술을 편리하게 사용하고 있다는 것은 나에 대한 많은 정보가 수집되고 있다는 것을 의미하기도 한다.

🔺 스팸메일

🔺 각종 광고에 이용되는 SNS

최근 다양한 SNS에서 추천 광고를 접할 수 있다. 추천 광고가 때로는 내 취향에 맞고 나에게 매우 도움이 되는 경우도 있다. '어떻게 이렇게 추천된 광고가 나에게 적합할 수 있을까?'라고 생각한다면, 내가 그동안 사용한 수많은 로그 기록이 데이터로 사용된다는 걸 떠올려 보자. 예전에 내가 쇼핑할 때 클릭했던 정보, 내가 팔로우하는 브랜드, 나의 본인 정보(나이, 성별, 거주지 등)와 같은 여러 정보가 '나와 유사한 다른 사람들은 무엇을 구매하는가?'라는 것과 매칭되어 나에게 필요한 것을 추천할 수도 있다. 최근 나의 검색 내역, 그동안 구매했던 상품의 특징, 장바구니에 담았던 상품의 종류와 이전에 쇼핑했던 컬러의 모음, 비슷한 종류의 상품, 검색어의 빈도 등, 내가 일상생활하면서 만들어 내는 다양한 데이터들이 나에게 어떤 것을 추천해 주기 위한 정보의 데이터 세트로 이용될 수 있다. 이러한 방식으로 구매할 확률이 높을 것으로 예상되는 상품을 예측하여 추천하는 것이다.

🔺 동작 감지 비디오 게임

동작 감지 비디오 게임을 한 경험을 떠올리면서, 나에 관한 데이터가 어떻게 노출되고 예측되었을지 생각해 보자. 이전에 게임기를 사용했던 자료들, 비슷한 신체 조건이 반영된 다른 자료들, 사용자의 움직임, 센서를 통한 사용자의 골격 파악과 그 게임에 필요한 신체 동작과 방향 및 다른 사람들의 동작, 기기에 등록된 지문 인식이나 여러 가지 생체 리듬과 움직임 등을 통해 나에 관한 데이터가 수집될 수 있다. 또한, 내가 움직인 관절 부위들을 찾아내고 따라감으로써 또 다른 데이터들을 만들어 낼 수도 있다. 이러한 일련의 인공지능 서비스는 결국 데이터를 통해 만들어지는 것이라고 생각할 수 있다.

△ 음성 인식 기술을 이용한 메시지 교환

음성으로 문자 메시지를 주고받는 기술을 생각해 보자. 어떤 데이터가 수집되고 활용될까? 사람마다 목소리 톤이나 뉘앙스가 다르고, 속도와 강약도 다를 텐데 어떻게 변환이 되는 것일까? 이것도 역시 이전에 사용했던 문자 메시지의 자료들, 텍스트 이미지 자료들, 많이 쓰는 단어들, 글자와 글자를 읽는 발음, 언어, 단어, 악센트, 억양, 입력된 각각의 언어적 특성들, 사투리를 사용하는 경우 음의 높낮이나 섬세한 리듬감, 상대방이 자주 쓰는 연락처, 자주 쓰는 단어와 조합 등이 수집되고 활용된 것이다. 이런 데이터 세트를 가지고 음성으로 말을 했을 때 텍스트로 변환하는 인공지능 서비스를 만든다면 내가 말하는 음성이 문자로 예측되는 것이다. 내가 하고자 하는 말과 가장 유사한 텍스트, 즉 확률이 높은 문자를 예측함으로써 인공지능 서비스는 정확도를 더욱 높일 수 있는 것이다.

이와 같은 사례를 보면, 데이터 세트가 누구에 의해 어떻게 수집되었는지에 따라 그 결과도 매우 다를 것이다. 예를 들어 여러분들이 특정 포털에서 동일한 단어로 검색을 해도 검색되는 결과들이 다를 수 있다. 사용자의 이전 검색 이력, 로그인할 때 노출되는 개인 정보, 앱 사용 정보, 시간, 장소, 사전에 제공된 데이터 등에 따라서 검색 결과가 다르게 출력되기 때문이다. 따라서 인공지능에서는 데이터가 매우 중요한 부분을 차지한다. 인공지능이 음식이라고 한다면 데이터는 그 음식을 만드는 주재료이기 때문이다. 재료가 좋아야 좋은 음식이 나오는 것처럼, 어떤 데이터가 어떻게 수집되고 어떻게 사용되는지에 관한 데이터 윤리도 함께 생각해 보아야 하겠다.

2 데이터의 편향성

최대한 정확한 예측을 하려면 데이터가 한쪽으로 치우치거나 배제되지 않으며, 중립적이고 질이 높아야 한다. 하지만 그렇지 못한 사례도 보고된다.

2018년 미국 매사추세츠공과대학교(MIT)에서 시중의 얼굴 인식 알고리즘을 분석한 결과는 피부색과 성별에 따른 인식률의 차이를 보여준다. 즉, 백인 남성에 대한 인식률이 98%인 반면, 유색인 여성에 대한 인식률은 70% 미만이었다.

조사 시행 회사	얼굴색이 어두운 남성	얼굴색이 어두운 여성	얼굴색이 밝은 남성	얼굴색이 밝은 여성	인식률 최대 격차
A	94.0%	79.2%	100%	98.3%	20.8%
B	99.3%	65.5%	99.2%	94.0%	33.8%
C	88.0%	65.3%	99.7%	92.9%	34.4%

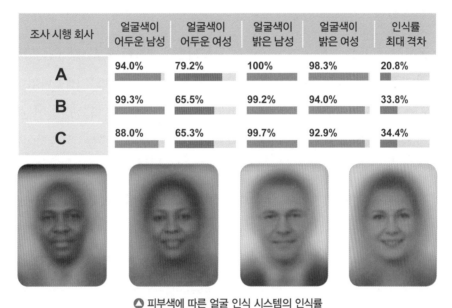

🔺 피부색에 따른 얼굴 인식 시스템의 인식률

출처 전수진·박주연·김수환(2020). 이제 시작이야! 컴퓨팅 사고력으로 인공지능까지, 연두에디션, p. 245

위의 자료는 3개 회사에서 보고한 '피부색에 따른 얼굴 인식 시스템의 인식률'이다. 왼쪽부터 얼굴색이 어두운 계열의 남자, 어두운 계열의 여자, 밝은 계열의 남자, 밝은 계열의 여자에 대한 인식률이고 맨 오른쪽은 인식률의 최대 차이를 표시한 것이다. A사 얼굴 인식 시스템의 인식률 성능을 측정한 결과, 어두운 계열의 남성은 94% 정도이고 여성은 79.2%로 인식률이 낮은 데 비해, 밝은 계열의 남성은 100%, 여성은 98%로 거의 100%에 가까운 인식률을 보였다. 어두운 계열과 밝은 계열의 차이는 20%가 넘는다. 피부가 밝은 계열 남성의 인식률은 굉장히 높은 반면, 어두운 계열 여성의 인식률은 상당히 낮은 것을 보여준다. 이를 통해 안면 인식 기술이 피부색, 인종에 따라서 차이를 보인다는 걸 알 수 있다.

A사뿐만 아니라 나머지 회사들의 결과에서도 남성과 여성의 차이, 흑인과 백인의 차이를 확인할 수 있다. 즉, 얼굴 인식 시스템에 인종과 성차별에 대한 부분이 존재한다는 것이다. 가장 크게는 35%까지 차이가 나는데, 왜 이런 결과가 나오는지에 대해서, 그리고 이러한 인식률을 보이는 인공지능이 과연 공정한가에 대해서 우리는 비판적으로 생각할 필요가 있다. 알고리즘은 누구에게나 투명해야 하며 공정해야 하고, 인공지능 기술에는 차별이 없어야 한다. 또 인간의 존엄과 인권의 문제를 가장 우선해야 한다. 그렇다면 왜 인공지능이 공정하지 못한 판단을 내리는지, 이런 차별성은 왜 생겼는지, 왜 인공지능의 결과가 신뢰받지 못하는지 등을 생각해 볼 필요가 있다.

2016년 구글이 큰 곤욕을 치른 사건이 신문에 보도되었다. "구글 포토, 때아닌 '고릴라' 태그 논란… 왜?" 이 기사에 따르면 구글은 2016년부터 구글 포토라는 서비스를 제공하였다. 이것은 사진을 찍으면 구글 포토로 저장되고, 각각의 사진이 무엇을 의미하는지 태그를 붙이는 인공지능 기술이다. 구글 포토는 수많은 구글 사용자들의 데이터를 분류하여 이름을 짓는 작업을 하였는데, 뉴욕의 흑인 프로그래머가 구글 포토를 이용해서 사진을 검색했을 때 문제가 발생하였다. 구글 포토 중 자신의 흑인 여성 친구 사진에 고릴라 태그가 붙은 것을 발견한 것이다. 하늘 사진에 '하늘'이라고 태그가 붙는 것처럼, 흑인 여성의 사진에 '고릴라'라는 태그가 붙었다. 이 일로 몹시 화가 난 프로그래머가 구글 포토의 태그 기능에서 인종차별적인 부분을 페이스북에 올림으로써 파장을 일으켰다. 이에 구글은 즉시 대응하여 해당 태그를 삭제하였다. 우리는 이런 사건들을 보면서 왜 이런 일이 벌어졌는지 생각해야 한다. 구글이 일부러 인종차별을 하려는 목적이 있었을까? 그보다는 데이터가 그 원인이라고 할 수 있다. 인공지능의 개발에 사용되는 데이터가 어떤 것인지에 대해서 신중하게 고민하고, 양질의 데이터를 검증하는 과정이 필요하다고 하겠다.

인공지능을 구현하려 할 때 그 재료가 되는 데이터는 매우 중요하다. 데이터가 한쪽으로 치우친 편향성을 가지면 예상치 못한 결과를 낳게 된다. 편향된 데이터로 학습된 인공지능은 편향된 결과를 내놓게 되며, 이는 인공지능의 공정성과 신뢰성에 대한 의심으로 이어진다. 편향된 데이터라는 것은 어떤 것을 선호하거나 다른 것을 우선순위로 두어 일부가 왜곡되거나 배제된 데이터를 의미한다. 따라서 우리는 데이터의 편향에 관하여 꾸준히 확인하고 관심을 가져야 한다.

'이렇게 편향된 데이터가 왜 사용되었을까?'를 살펴보면, 누가, 어떻게 데이터를 수집하였는지, 그리고 어떻게 흘러들어온 데이터인지 등에 따라서 데이터가 원래의 목적과 다르게 변질되거나 오염된 사례를 발견할 수 있다. 인공지능이 이러한 데이터를 사용하여 학습하게 되면, 결국 편향된 인공지능이 되어 편향된 예측을 할 수밖에 없을 것이다. 인간 사회에 존재하는 편향성과 선입견이 데이터에 고스란히 담기게 되고, 그 데이터를 바탕으로 인공지능이 만들어져 서비스가 구현된다면, 편향성이 짙은 인공지능에 의해 객관성이 결여된 서비스가 제공될 것이다. 따라서 인공지능 개발자들뿐 아니라 인공지능 이용자들도 데이터를 분류하고 이를 이용하여 인공지능을 학습시킬 때 데이터 편향성을 배제하는 데 항상 관심을 기울여야 한다.

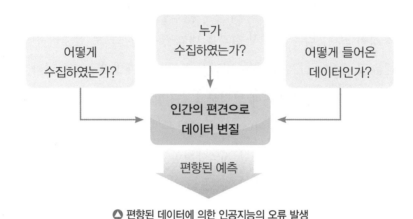

△ 편향된 데이터에 의한 인공지능의 오류 발생

3 데이터 편향성의 종류

지금까지 데이터가 인공지능의 학습 과정에 중요한 역할을 한다는 것을 이해하고, 데이터의 편향성에 대해서 알아보았다. 이번에는 데이터 편향의 종류에 대해서 알아보자.

첫째, '상호작용 편향'이다. 사람들이 생활하는 과정에서 많이 만들어지는 데이터가 있는데, 이러한 상호작용으로 데이터가 만들어질 때 누락되는 부분이 생길 수 있다. 무의식적으로 개인적 믿음과 일치하는 방향의 데이터들이 수집되고, 처리되는 것이다. 데이터는 수집 과정, 처리·가공 과정이 존재하는데, 상호작용 편향은 이 모든 과정에서 나타날 수 있다. 예를 들어 우리가 신발을 그림으로 표현할 때 운동화를 그릴 수도 있고, 구두를 그릴 수도 있다. 이때 개인적 성향으로 구두가 아닌 운동화를 많이 그려서 운동화 중심의 데이터가 수집되었다면, 구두를 제시했을 때 이것을 신발로 인식하지 못하는 결과가 나올 수도 있다.

두 번째, '잠재적 편향'이다. 데이터 수집에 편향이 발생하는 것은 어쩔 수 없는 측면이 있다. 왜냐하면 편향된 데이터라도 사실인 부분이 있기 때문이다. 실제로 특정 직업과 관련된 데이터를 수집할 때, 과거의 데이터가 한쪽으로 치우치는 경우가 있다. 예를 들어 과거에 여성 과학자보다 남성 과학자가 더 많았던 것은 사실이다. 그러나 미래나 현재부터는 다를 수 있는데, 어쩔 수 없는 상황에서 나온 데이터, 직업과 성별을 기계적으로 연결한 데이터 등은 편향성을 띨 수 있다. 이런 데이터는 실제를 반영할 수도 있지만, 부정적인 편향을 더 강화할 수도 있으므로 조심해야 한다. 예를 들어 과학자나 의사 같은 직업에서 남성의 비율이 높을 경우, 해당 직업에 대한 데이터가 남성으로 검색되는 경우가 많을 수 있다. 이런 데이터를 성별에 대한 균형과 조정을 고려하지 않은 채 그대로 학습 데이터로 사용한다면, 결국 "과학자, 의사와 같은 직업을 가진 사람들은 남성이다.", "남성일 가능성이 크다."라는 편향적 결과를 내놓을 수 있으므로 잠재적 편향은 우리가 데이터를 사용할 때 매우 조심해야 할 부분이다. 따라서 프로그램 개발자뿐만 아니라 데이터를 사용하고 학습하는 사람들도 잠재적 편향에 관해 인지하고 숙지할 수 있어야 한다.

세 번째, '선택 편향(Selection Bias)'이다. 선택 편향은 조사 대상으로 선정된 표본의 대표성이 결여된 것이다. 예를 들어 데이터를 특정한 지역에서만 수집한다면 그 지역의 특수한 문화적 요소, 환경적 요소들이 데이터에 담길 수 있다. 만약 특정한 지역에서 수집한 데이터를 바탕으로 서비스를 만들고, 이를 그 지역에서 벗어나 보편적 지역에 제공한다면 데이터 편향이 나타날 수도 있다. 예를 들어 대한민국에서 식생활에 대한 데이터를 생성하고 모델을 만든다고 가정해 보자. 해당 데이터와 모델은 대한민국의 식생활을 반영한 것이기 때문에, 여기에는 대한민국에 대한 편향적인 관점이 담길 수 있다. 이것은 지역 편향이라고 할 수도 있다. 이처럼 우리가 양질의 데이터를 제대로 수집하기 위해서는 선택 편향에 대해서도 고려해야 한다.

네 번째는 '확증 편향'이다. 이것은 데이터를 수집하는 과정에서 조사자가 무의식적으로 자신의 믿음과 일치하는 방향으로 데이터를 수집하는 것을 말한다. 데이터 수집 과정에서도 인간이 무의식적으로 어떤 것을 한쪽으로 치우치게 하는 부분이 생길 수 있다는 것이다.

다섯 번째, '자동 편향'이다. 이것은 머신러닝이 자동 처리 데이터를 비자동 처리 데이터보다 선호하는 경향 때문에 나타나는 편향이다. 이것은 데이터 일부를 배제하는 것으로 이어져, 결국 편향성을 강화하는 인공지능 기술과 결과를 내놓게 된다.

우리는 인공지능 기술이 발전하기 위해서는 데이터가 매우 중요하다는 사실과 함께, 데이터가 한쪽으로 치우치지 않도록 해야 한다는 점을 기억해야 한다. 따라서 데이터의 왜곡이나 편향을 배제하거나 최소화하기 위한 전략이 필요하다. 데이터 편향을 없애기 위한 방법으로 크게 두 가지를 생각할 수 있다.

첫 번째는 편견이 없는, 모든 시나리오와 사용자를 나타내는 데이터를 수집하는 것이다. 앞에서 안면 인식 인공지능 서비스에 인종과 성별에 대한 차별이 존재한다고 했다. 그런 경우를 배제하려면 알고리즘을 만들 때 어떤 데이터가 사용되어야 할까? 각각의 인종, 각각의 성별과 관련된 데이터가 균형 있게 들어가야 한다. 대상별로 데이터의 양을 비슷하게 하고, 또 왜곡된 데이터는 없는지도 비판적으로 살펴보아야 한다.

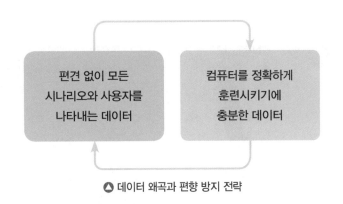

△ 데이터 왜곡과 편향 방지 전략

두 번째는 데이터 편향에 영향이 없을 정도로 많은 양의 데이터를 가지고 훈련하는 것이다. 컴퓨터를 정확하게 훈련하기 위해서는 충분한 데이터가 필요하다. 편견 없는 충분한 데이터를 인공지능 기술을 구현하기 위한 재료로 사용할 때, 더욱 신뢰할 만한 인공지능을 만들 수 있다는 것을 생각해야 한다.

많은 기업이 데이터의 편향성을 개선하기 위해 노력하고 있다. 예를 들어, 구글에서 제공하는 번역 웹사이트에서 성 중립적인 단어를 번역하면 여성성과 남성성 두 가지를 모두 보여주는 방식으로 성별에 대해 사이트가 개선되는 것을 볼 수 있다. 이러한 노력은 더욱 섬세하게 진행되어야 한다. 나아가 편향성이 배제된 양질의 충분한 데이터가 선별되어 인공지능을 개발하는 재료로 쓰인다면, 인공지능 기술은 더욱 공정하고 신뢰할 만한 수준으로 발전할 것이다.

의료 인공지능에 숨은 편향 데이터를 지워라

미국 스탠퍼드대학교 연구원들이 의료 인공지능 소프트웨어에 있는 편향 데이터의 위험성을 경고하였다.

지난 5월 14일 스탠퍼드 뉴스(Stanford News)에는 '인공지능 기능 저하'란 제하의 기사가 실렸다. 뉴스에 따르면 스탠퍼드대학교 연구원들이 인공지능 기술이 의료 격차를 악화시키지 않도록 노력할 것을 요구했다고 한다.

인공지능 기반의 의료 기기 사용이 점점 더 많아지는 가운데 이 기기들의 소프트웨어에 있는 알고리즘에 성차별, 인종 편견 등의 데이터들이 영구히 존재할 수 있다는 주장이다. 이러한 주장의 당사자는 스탠퍼드대학교에서 17년 동안 강의해 온 론다 시빙거(Londa Schiebinger) 교수와 컴퓨터 과학 및 생물 의학 AI 분야의 전문가 제임스 죠(James Zou) 교수다.

이들은 맥박 산소측정기와 같은 의료 장비의 소프트웨어에 있는 알고리즘이 어두운 피부의 사람과 여성의 혈액 가스 수치를 잘못 보고할 가능성이 크다고 역설한다. 일례로, CT 스캔의 경우, 환자의 질병이나 부상을 색 밀도로 찍는데 여기서 얻은 데이터들이 별도의 시각을 줄 수 있다는 것이다.

이에 대해 시빙거 교수는 "백인과 남성의 신체는 오랫동안 의학에서 표준이 됐다."고 말했다. 또 죠 교수 역시 "인공지능 기술이 다양한 인구 통계와 인구에 광범위한 혜택을 줄 수 있어야 한다."라고 지적했다.

편향된 인공지능, 현실에선 위험

인공지능의 편견 문제는 일찍부터 다양한 사람들에 의해 보고되고 연구되어 왔다. 미래학자 버나드 마(Bernard Marr)도 그중 한 사람이다. 2019년 1월 29일 자 포브스(Forbes)지에 기고한 글에 따르면 인공지능의 의사결정 기술이 풀어야 할 사회적 문제 중 하나가 바로 편견이라는 것이다.

버나드 마는 미국의 가석방 당국이 범죄자의 재범 가능성을 예측하기 위해 사용한 인공지능 알고리즘을 예로 들었다. 이 알고리즘은 흑인 범죄자가 형기를 마친 후 다시 범죄를 저지를 가능성을 과대평가하고 백인 범죄자의 재범 가능성은 과소평가했다는 것이다. 그는 "이 편향된 인공지능 시스템이 실험실을 벗어나 현실 세계로 나올 때, 데이터의 편향 가능성을 발견하지 못하면 사회의 취약한 집단이 피해를 볼 위험이 있다."고 지적했다.

인공지능 전문가 장 가브리엘 가나시아 교수도 2019년 6월 24일 주한 프랑스문화원이 주최한 '인공지능 편향과 윤리적 과제'를 주제로 한 강연에서 인공지능의 사회적 편향에 대해 우려를 나타냈다. 가나시아 교수는 빅데이터 기반 인공지능이 사회적 편향이나 편견을 증폭시킬 수 있는 가능성과 인공지능 알고리즘이 인간의 무의식적 편견에 의해 영향을 받을 가능성에 대해 언급했다.

가나시아 교수는 "진정한 인공지능은 정보를 수집해 기억하고, 학습 및 추론하는 단계를 거친 의사결정을 통해 실행에 옮겨야 하는데 지금의 인공지능은 스스로 행동하는 자율성이 없으므로 진정한 주체라고 할 수 없다."고 주장했다. 그는 또 "인공지능은 인간의 정보를 통해 학습하고, 인간을 모방하기 때문에 얼마든지 불공정해질 수 있다."고 지적했다.

피부색에 의존하는 맥박 산소측정기

스탠퍼드대학교 연구진이 사례로 든 맥박 산소측정기는 환자의 피부에 빛을 비춰서 산소화 및 탈산소 적혈구에 의한 빛 흡수를 기록해 작동하는 메커니즘으로 알려져 있다. 문제는 인종별로 멜라닌 색소에 차이가 나는데 이 산소측정기들이 백인 환자를 표준으로 한다는 사실이다. 이는 흑인 환자의 혈액 가스 수치를 잘못 보고할 가능성이 세 배나 높을 수 있음을 의미한다.

또 휴대용 산소포화도 측정기(Oximeter)는 성 편향이 문제점으로 작용한다. 이들은 남성들보다 여성들에게서 잘못된 수준의 경향이 더 자주 나타나기 때문에 특히, 여성이 비상 보충 산소를 공급받지 못할 위험이 있다고 주장했다. 죠 교수는 "맥박 산소측정기는 다양한 인구 통계학적 데이터 수집 없이 의료 기술을 개발하는 것이 편향된 측정으로 이어지고, 그 결과 환자의 상태가 더 나빠지는 것을 보여주는 사례"라고 강조했다.

또 다른 최근 연구에서 미국 식품의약국이 승인한 130개의 의료 AI 장비를 검토한 결과, 연구진은 130개 기기 중 126개가 이전에 수집한 데이터만 사용해 평가한 사실을 밝혀냈다. 이 결과는 인공지능 알고리즘이 환자에게 얼마나 잘 작용하는지 아무도 가늠하지 못했다는 뜻이다. 또 승인된 기기의 13% 미만이 성별 또는 인종을 보고한 것으로 알려졌다. 죠 교수는 인공지능 기술 개발에 있어서 다양한 자료 수집과 모니터링은 편향 문제를 해결할 수 있는 쉬운 방법이라고 강조했다.

학제적 접근이 AI 편향 해결책

스탠퍼드대학교 연구진들은 인공지능 불평등 해소를 위한 대책으로 학제 간 접근법을 제시했다. 시빙거 교수에 따르면 미국 국립보건원(NIH)이 지난 2016년부터 지원자들에게 성(性)을 생물학적 변수로 포함하도록 요구하는 일부 진전이 있었다고 한다.

그는 NIH가 인종과 민족뿐만 아니라 성별에 대해서도 유사한 정책을 수립할 것으로 예상하였다. 아울러 두 교수는 인공지능이 사회적 불평등을 강화하는 문제에 대한 인식을 높이기 위해 커리큘럼을 향상시킬 것을 제안하고 있다. 스탠퍼드대학교뿐 아니라 다른 대학들도 이미 컴퓨터 과학 과정에 윤리적 논리를 포함시킨 것으로 알려졌다.

두 사람은 한목소리로 "우리는 의학 분야에서 인공지능을 비판하려는 노력의 선두에 서게 된 것을 자랑스럽게 생각한다."라며 "결국 인공지능이 영향을 미칠 많은 인간의 삶을 고려할 때, 이것은 매우 중요하다."라고 강조했다.

출처 AI타임스, 2021. 5. 18.(http://www.aitimes.com/news/articleView.html?idxno=13859)

❶ 인공지능에서 사용될 데이터가 편향성을 가질 수 있다는 것을 이해하기 위해서 다음 물건들에 대한 데이터 세트를 만들어 보자.

(1) 내가 생각하고 있는 혹은 알고 있는 '전화기'를 그려보자.

(2) 내가 생각하고 있는 혹은 알고 있는 '선풍기'를 그려보자.

(3) 내가 생각하고 있는 혹은 알고 있는 '신발'을 그려보자.

❷ 내가 데이터 세트로 만든 각 대상(전화기, 선풍기, 신발)의 이미지를 검색해 보자.

(1) 전화기 이미지 검색 결과

(2) 선풍기 이미지 검색 결과

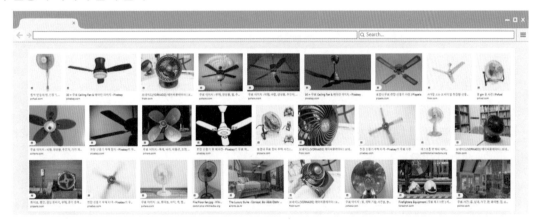

(3) 신발 이미지 검색 결과

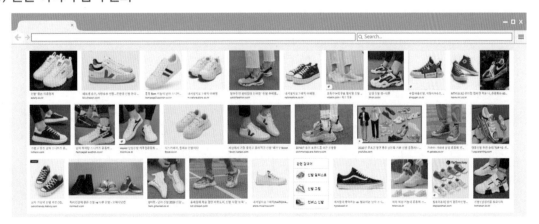

❸ 내가 그린 데이터와 검색을 통해 찾은 이미지를 비교해 보자.

(1) 내가 그린 데이터와 검색으로 찾은 이미지는 같은가, 다른가? 어떤 점에서 차이가 있는가?

> 예 내가 그린 전화기는 다이얼형 전화기인데, 검색 결과 무선 전화기, 핸드폰도 찾았다.
>
> 예 내가 그린 선풍기는 동그란 외형인데, 검색 결과 천장에 달린 팬 형태, 미니 선풍기, 타워형 선풍기도 찾았다.
>
> 예 내가 그린 신발은 운동화였는데, 검색 결과 다른 모양의 신발(구두, 유아 신발, 남성 구두 등)을 찾았다.

(2) 내가 만들어 낸 데이터가 그 대상의 모든 종류를 대표한다고 할 수 있는가? 자신의 생각과 그렇게 생각한 이유는?

> 예 내가 만들어 낸 데이터가 그 종류의 형태를 대표한다고 볼 수 없다. 그밖에도 다양한 형태의 종류가 있기 때문이다.

(3) 왜 이러한 차이가 나타났을까?

> 예 내가 그 대상을 인지하는 개념이 하나이기 때문이다.
>
> 예 내가 하나의 데이터를 그림으로 그려야 했기 때문이다.
>
> 예 그 대상에 대한 인식이 달랐기 때문이다.
>
> 예 그 대상에 대해서 인식한 문화가 달랐기 때문이다(세대 차이, 동서양의 차이 등)

❹ 인공지능이 편향성이 있는 데이터로 학습한다면 어떤 일이 벌어질까?

> 예 인공지능의 학습이 정확하지 못할 것이다.
>
> 예 인공지능이 대상을 제대로 인식하기 어려울 것이다.
>
> 예 인공지능이 대상을 제대로 인식했다고 보기 어려울 것이다.
>
> 예 인공지능이 내놓은 결과나 판단을 신뢰하기 어려울 것이다.

⑤ 이러한 편향성을 방지하기 위해서는 어떻게 해야 할까?

> 🖉 데이터는 인공지능을 학습시키는 주재료이므로, 한쪽으로 치우친 데이터나 유실되는 데이터가 없
> 도록 잘 수집해야 한다.
> 🖉 충분한 양의 데이터를 다양한 지역, 다양한 맥락에서 수집한다.

관련 개념 다시 정리하기

상호작용 편향은 사람들의 상호작용에 의해 만들어질 때 누락될 수 있는 것으로써 무의식적으로 자신의 믿음과 일치하는 방향으로 데이터가 수집되거나, 데이터가 처리되는 것이다.

예를 들어, '신발'을 그림으로 표현할 경우 대부분 운동화 외에 여성의 구두나 남성의 구두를 그리지 않음으로써 이를 제시할 경우 신발이라고 인식하지 못할 수 있다.

선택 편향은 조사 대상으로 선정된 표본의 대표성이 결여되어 생기는 편향을 의미한다. 예를 들어 특정 지역에서 데이터를 수집한 경우 그 데이터는 특정 지역의 문화적 맥락을 반영하게 되므로 편향성을 갖게 된다.

예를 들어, 대한민국의 식생활에 대한 데이터를 수집한다면 대한민국의 음식과 관련한 문화적 맥락을 반영하게 되므로 데이터가 객관성을 갖기 어렵다.

눈이 크고, 수염이 있고, 발톱이 있고…." 등 여러 가지를 이야기할 수 있다. 그런데 인공지능은 "이건 93%의 정확도로 고양이야."라고 대답하지만, "너는 왜 고양이라고 판단했어?"라는 질문에는 명확하게 답하지 못한다. 인공지능은 결과만 제시하므로 판단 과정은 설명할 수 없다. 하지만 우리에게는 인공지능이 왜 고양이로 판단했는지가 중요한 사안이다. 어떻게 하면 인공지능이 판단 근거를 설명하게 할 수 있을까?

고양이인 이유는….
수염이 있어.
발톱이 있어.
이런 특징이 있어.

최근의 재미있는 연구 결과를 소개해 보자. 인공지능이 허스키라는 강아지를 여우 혹은 늑대라고 판단하였다. 왜 그렇게 판단했는지 인식의 알고리즘을 거슬러 봤더니, 객체가 가진 특징이 아니라 객체 이미지의 배경에 눈이 있었기 때문에 개라고 판단하지 못했던 것이다. 그러므로 우리는 인공지능이 무엇에 초점을 두고 어떤 과정으로 결과를 내는지 분명하게 알 필요가 있다. 그것이 바로 인공지능을 더욱 신뢰할 방법이기 때문이다.

현재 인공지능은 학습용 데이터를 학습 모델에 투입해서 분석하고 그 결과를 이용자에게 전달하는데, 이때 학습 영역에서는 확률값을 통해서 계산한다. "고양이일 확률은 93%야. 그래서 고양이로 분석할 확률이 93%이기 때문에 고양이인 거지."라는 답을 내놓지만, 그 과정에서 인공지능이 왜 이런 결과를 도출했는지 근거를 알 수가 없다. 그래서 2016년 미국 방위고등연구계획국 (DARPA, Defense Advanced Research Projects Agency)은 설명 가능한 인공지능에 투자하기 시작했고, 이 일이 매우 중요하다는 사회적 합의를 이끌어냈다. 약 800억 원의 예산을 들여 지금까지 설명하지 못했던 블랙박스를 유리박스로 바꾸는 것을 목표로 하는 연구 프로젝트에 투자하고 있다. 인공지능 판단의 불확실성을 해소하여 인공지능에 대한 신뢰성을 높인다면, 인공지능이 왜 그런 판단을 했는지 충분히 이야기할 수 있을 것이다.

2020년에 우리나라 과학기술정보통신부에서도 인공지능의 설명 가능성, 공정성, 견고성을 높이는 데 지원하기로 하였다. 2022년부터 2026년까지 5년간 설명 가능성, 공정성 기술 분야 개발에 각각 450억 원, 200억 원을 투입할 예정이다. 인공지능이 내놓은 결과에 대해서는 "왜 그런 결론을 이끌어냈는가?", "인공지능이 성공을 예측한다면 왜 그것을 성공이라고 판단했는가, 인공지능의 예측이 실패했다면 왜 실패했는가, 실패한 원인은 무엇이고 오류가 발생한 원인은 무엇인가?" 등과 같은 의문을 제기하고, 인공지능은 이에 대한 해답을 내놓을 수 있어야 한다.

이처럼 설명 가능한 인공지능을 만들기 위해서, '설명 인터페이스'를 통해 사람이 인공지능의 판단을 즉시 이해하고 해석할 수 있도록 하는 시스템도 개발되고 있다. 2018년 미국 심머신사(simMachines Inc.)가 개발·공급한 AI '심머신'은 설명 가능한 인공지능의 대표적 사례다. 이 솔루션은 인공지능의 '정확한 예측'과 '예측에 이르기까지의 해석의 제시'를 같이 모색한다. 이것은 머신러닝을 통해 모든 데이터 세트를 고려하여 패턴을 감지하고 예측하면서 그 예측의 원인을 도출하는 시스템이다.

"우리가 왜 그런 판단을 했는가?" 하는 것을 쉽게 아는 방법의 하나가 바로 '시각화'다. 정확하게 예측하는 것은 인공지능의 성능과 관련된 매우 중요한 요소다. 이와 동시에 왜 그렇게 예측하였는지, 예측에 이르기까지의 해석을 제시하는 인터페이스를 만들고 이를 통해 그 과정을 가시적으로 보여주는 것도 설명 가능한 인공지능을 구현하는 중요한 방법이다. AI 심머신은 소비자의 행동에 영향을 미치는 데이터들을 시계열로 분석하고, 시간의 경과에 따른 변화와 변화의 원인을 간격을 두고 설명하는 것을 구현하였다. AI 심머신을 마케팅에 적용하게 되면 데이터를 동적으로 예측하고 분류할 수 있다.

자율주행차가 사물을 인식하는 방식을 시각화하려는 연구도 많이 진행되고 있다. 자율주행차는 아직 판단이 미숙하여 실수가 잦다. "과연 자율주행이 인간이 하는 운전보다 안전하다고 장담할 수 있는가?" 하는 문제가 제기되고 있다. 자율주행에서 가장 중요한 것은 어떤 대상을 인지(Perception)하는 것이다. 이를 위해서 센서를 사용하는데, 색을 감지하는 데는 카메라를 사용하고, 단거리에 있는 물체를 인식하는 데는 초음파 센서를 사용한다. 또 1m에서 200m 사이의 거리를 감지할 때는 '레이더'를, 그보다 먼 거리는 '라이더' 센서를 이용해서 감지하기도 한다. 이 중 레이더는 우천 시에도 날씨에 영향을 받지 않고 감지할 수 있지만, 라이더는 날씨의 변화에 취약하다. 자율자동차는 이처럼 다양한 센서를 이용해서 사물을 인식하는데, 그 인식 과정을 시각화하면, 자율주행차가 어떻게 사물을 인식하는지를 밝혀낼 수 있다. 자율주행차가 잘못 인식해서 사고가 나는 경우, 어떻게 인식했는지에 대한 것을 시각화한 데이터로 저장해서 그 인식 과정을 밝혀내는 단서로 이용할 수 있는 것이다. 자율주행차가 사물을 인식하는

▲ 어두운 밤에도 사물을 인식하는 라이더 장착 차량

과정 자체를 시각화하려는 연구는 설명 가능한 인공지능을 구현하려는 노력이라고 할 수 있다.

인공지능의 학습 과정을 시각화하는 가장 대표적인 방법은 '그래프 기반으로 모델'을 만드는 것이다. 미국의 DARPA가 설명 가능한 인공지능(XAI)을 제시하면서, 해석 가능한 모델 중 하나로 활용할 수 있는 방법론이 바로 '그래프 기반' 모델이라는 연구를 발표했다. 컴퓨터 과학에서 그래프는 점과 선을 이용하여 데이터를 시각화한 것이다. 예를 들어 하나의 노드는 '고객'이고, 또 다른 노드가 '상품'이라고 할 때, 고객과 상품의 관계는 '사다'로 표시할 수 있다. 고객에 관한 다양한 정보,

즉 연령, 성별, 지역, 그리고 취향이나 상품과 관련된 고객 정보들을 연결하는 방식이다. 각각의 데이터를 노드에 연결하며 시각화한 그래프로 표현함으로써, 학습 과정 자체를 시각화할 수 있고 이를 기반으로 해서 설명 가능한 인공지능을 구현하기도 한다.

설명 가능한 인공지능을 만들기 위한 또 다른 방법으로 '의사결정트리'가 자주 활용된다. 데이터를 분류하거나 원하는 결괏값을 예측하는 방법을 사용할 때 '의사결정트리'는 주어진 하나의 루트 노드에서 파생되어서, 자식 노드로 가는 것이다. 이 과정을 거쳐 성격이 유사한 것끼리 분류가 되는데, 엔트로피(복잡성)가 낮아지도록 분류하는 의사결정트리를 이용해서 모델을 가지고 우리가 결괏값을 보다 설명 가능하게 만드는 것이다. 예를 들어 타이태닉호에서 '생존 여부'와 관련한 문제를 생각해 보자. 생존자는 어떤 원인으로 살아남을 수 있었을까? 이 생존을 설명할 수 있는 여러 변인을 역으로 추적해서 의사결정트리를 거꾸로 올라가면 바로 원인을 알 수 있다.

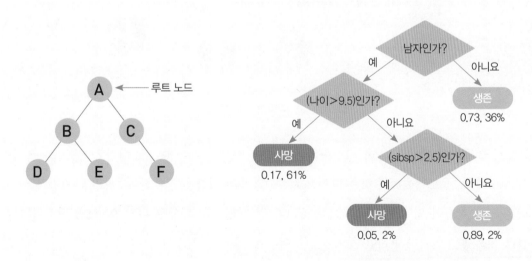

🔺 타이타닉의 생존 확률 의사결정트리

또 다른 방법은 신경망을 활용한 알고리즘을 만들 때, 설명 가능한 노드를 찾아 설명을 붙이는 것이다. 앞에서 나온 고양이 문제를 예로 들면, 특정한 대상을 고양이라고 설명하는 이유를 찾아 각각의 노드에 이름을 붙이는 방식이다. 인공신경망에서 설명 가능한 노드를 찾아 여러 갈래의 설명을 붙이는 것이다. 특정한 대상을 고양이라고 판별했다면, 많은 데이터를 가지고 이것은 꼬리에 관한 데이터다, 귀와 관련된 데이터이다, 눈과 관련된 데이터이다, 이런 방식으로 각각의 노드에 설명을 붙임으로써 그 대상을 왜 고양이로 판단하였는지 해석하고 설명할 수 있다. 인공신경망이 고양이 꼬리, 귀 등과 같은 특정한 부분의 이미지를 지정해서 그 부분을 가지고 전체를 조합해서 고양이로 인식했다면, 각각의 특정 노드에 대한 이름을 지정함으로써 전체를 인식하는 방법이 된다. 이것이 바로 신경망 노드에 설명을 붙이는 방식이다.

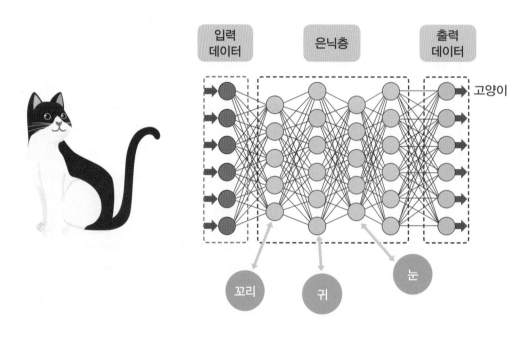

◐ 고양이를 설명하는 노드 찾기

다음으로 인공지능 학습 과정을 시각화하는 방법은 모델을 유추하는 것이다. 인공지능 블랙박스에서 설명 가능한 모델을 유추하는 방식으로, 모델 유추 학습을 진행한다. 설명 딱지가 붙어 있는 네트워크와 학습이 딥 러닝 시스템으로 갈 때, 딥 러닝 시스템에서 다시 이 설명 딱지가 붙은 네트워크 시스템을 설명하게 하는 것이다. 그 이후에 딥 러닝 시스템이 어떻게 이런 결론에 도달했는가를 설명하게 하는 시스템이다.

설명 딱지가 붙은 네트워크 학습 ——→ 딥 러닝 시스템

설명을 생성

지금까지 설명 가능한 인공지능을 구현하는 방법론을 소개하였다. 최근에는 설명 가능한 인공지능을 구현하는 것이 기업의 민감한 정보를 유출하는 것은 아닌지 논란이 일어나기도 한다. 그러나 그런 관점보다는 인공지능이 내놓은 결과를 인간이 신뢰하도록 만드는 데 초점을 두어야 한다.

DARPA에서는 설명 가능한 인공지능을 평가하기 위한 역량 평가 요소도 제공한다. 이를 살펴보면, 어떻게 설명 가능한 인공지능을 만들어야 하는지, 그것은 어떤 의미가 있는지 정리할 수 있다. 설명 가능한 인공지능의 첫 번째 역량 평가 요소는 '사용자 만족도'이다. 설명이 얼마나 정확한가, 그리고 설명이 얼마나 유용한가에 대한 지표가 있다. 예를 들어, 금융업체에서 신용대출을 평가하는 인공지능 시스템을 도입하였는데, A라는 사람에게는 신용대출이 불가하다고 판단하였다. 이에 대해 A는 "내가 왜 신용대출을 받을 수 없는가?"라는 의문을 가질 수 있다. 기존의 딥 러닝 시스템이 "이유는 모르겠습니다만, 결과는 90% 대출 불가입니다."라는 결론만 내놓았다면, 설명 가능한 인공지능 시스템은 그렇게 판단한 근거를 제시할 수 있어야 한다. "당신의 신용은 8등급이고, 당신의 월 소득은 얼마이며, 기존 대출은 얼마이기 때문에 불가합니다. 또한, 여러 가지 노드에 의해서 당신의 신용등급이 낮습니다." 이렇게 정확하고 유용하게 해석하고 설명하는 것이 중요하다. 설명 가능한 인공지능을 구현함과 동시에 설명 가능한 인터페이스를 제공함으로써, 그 설명이 인공지능 사용자, 시스템 이용자에게 유용한 정보가 되어야 한다.

두 번째는 '설명 모델의 수준'이다. 개별 의사결정의 이해도, 전체 모델에 대한 이해도, 장단점 평가, 미래 행동에 대한 예측, 개입 방법에 대한 예측과 같은 매우 구체적인 평가 지표를 가지고, 설명 모델이 어느 정도 수준인지, 우리를 얼마나 만족시키고 이해할 만한 설명을 하는지에 관해 의견을 나눌 수 있을 것이다.

세 번째는 '업무 수행 향상도'이다. 설명이 사용자의 의사결정, 업무 수행 능력을 향상시켰는지, 사용자의 이해도 평가를 위한 실험적 업무인지가 평가 지표가 된다.

네 번째 '신뢰성에 대한 평가'에서는 "미래에도 사용할 정도로 신뢰할 만한가?"를 평가한다. 마지막 '오류 수정 수준'은 인식 오류를 수정하는 수준, 인식 오류 수정을 위한 지속적인 훈련 과정 여부 등을 평가 지표로 삼는다.

이런 설명 가능한 인공지능의 도입이 기술의 진보를 막는 것은 아닌가에 대한 논쟁도 진행되고 있다. 하지만, 그것보다는 설명 가능한 인공지능이 가져올 효과를 다양한 관점에서 살펴보도록 하겠다.

첫 번째, '기술적 관점'이다. 실제로 우리가 인공신경망의 내부를 들여다보면서 인공지능이 내놓은 결과를 가지고 인과관계를 해석하는 것은 기술의 진보를 막는 것이 아니라 설명 가능한 인공지능을 통해서 인류와 사회에 필요한 공공선을 추구하는 것이라 할 수 있다. 또한, 인공지능이 만들어진다면 기술적 관점에서 또 다른 방향의 진보가 되는 것이라 할 수 있다. 설명 가능한 인공지능은 데이터 편향성을 탐지하거나 제거하고, 모델의 정확성, 성능 개선 등의 효과를 설계자와 개발자에게 제공할 수 있다. 왜 그런 결과를 내놓았는가에 대해서 명백한 원인을 찾는다면 오류를 수정하는 것도 용이할 것이다.

두 번째, '비즈니스의 관점'이다. 인공지능이 투명한 해석과 설명을 제공할 경우, 기업은 인공지능이 내놓은 결과를 감사에 대비하거나, 기업의 신뢰성을 향상하거나, 직원들과 협업하는 데 사용함으로써 더 많은 경제적 이익을 얻을 수 있을 것이다.

세 번째, '법과 제도적 관점'이다. 인공지능 때문에 분쟁이 발생할 수도 있다. 따라서 우리는 다양한 인공지능 시스템이 사회 전반에 미칠 파급력을 예측하고 법과 제도를 정비해야 한다. 문제의 원인을 파악하는 것은 그에 대한 해결책을 찾는 방법이기도 하다. 설명 가능한 인공지능이 나오면 분쟁의 원인을 파악하거나 분쟁을 중재할 수도 있을 것이다. 앞으로는 인공지능이 내놓은 결과가 피해를 주는 것이 아니라, 오히려 그러한 결과가 나오게 된 원인을 인공지능을 통해 분석하고 설명할 수 있기 때문에, 법과 제도적 측면에서 분쟁의 소지를 없애는 데도 이바지할 수 있을 것이다. 설명이 가능한 모델, 설명이 가능한 인터페이스를 통해서 모든 인공지능 시스템 사용자가 인공지능의 판단과 결과에 대한 설명을 들을 수 있다면, 결국 산업 분야도 더 크게 발전할 것으로 기대할 수 있다.

네 번째, '인공지능 산업의 관점'에서 설명 가능한 인공지능의 효과를 살펴보자. 기존 인공지능이 블랙박스이기 때문에, 특정한 산업 분야에 국한된다고 생각할 수 있다. 그러나 설명 가능한 인공지능이 활성화되면 앞으로 인공지능이 적용되는 산업 분야는 더욱 다양하고 광범위해질 것이다. 인공지능의 활용 범위가 확대되면 인공지능 산업이 절정에 이를 수 있고, 인공지능이 내놓은 결과에 대해 그 원인을 파악하여 설명하고 해석할 수 있어서 인공지능 서비스에 대한 신뢰도 한층 높아질 것이다.

❶ 인공지능에게 학습시킬 개념을 정한다.

❷ 인공지능이 학습할 개념의 특징을 정리한다.

❸ 인공지능의 학습을 평가할 사진을 보여주고, 인공지능의 판단을 적는다.

❹ 인공지능이 그렇게 판단한 까닭을 개념적 특징과 함께 설명한다. 만약, 인공지능의 판단에 오류가 있다면, 2번으로 돌아가서 학습한 개념의 특징을 수정한다.

"등만 봐도 누군지 알아, 새를 구별하는 AI"

아프리카 칼라하리 사막에 사는 집단베짜기새는 나무 위에 거대한 둥지를 짓고 200~300마리씩 함께 산다. 집단베짜기새를 연구하려면 무리에서 어떤 개체가 어떻게 지내는지 알아야 하지만 사실상 불가능하다. 워낙 수가 많아 이 새가 저 새 같기 때문이다.

🔺 AI가 식별 번호를 부여한 집단베짜기새들

인공지능(AI)이 과학자들의 고민을 해결하러 나섰다. 프랑스 기능진화생태학연구센터의 앙드레 페레이라 박사 연구진은 지난 27일 영국 생태학회가 발간하는 국제학술지 '생태학과 진화 연구 방법'에 "AI를 이용해 처음으로 새를 무리에서 개체별로 구별하는 데 성공했다."고 밝혔다.

이전에도 AI로 동물을 구별했지만 원숭이나 멧돼지, 코끼리 같은 대형 동물만 가능했다. 새처럼 작은 동물은 이번에 처음 성공했다. 특히 이번 AI는 새의 뒷모습만 보고도 어떤 개체인지 90%의 정확도로 구별했다.

🔺 AI가 둥지로 들어가는 집단베짜기새들에게 개체별 식별 번호를 부여하는 모습. AI는 등만 보이는 사진으로도 90% 정확도로 개체를 구분해 냈다.

새에게 스트레스 주지 않고 개체 확인 가능

연구진은 AI에게 남아프리카공화국에 사는 집단베짜기새와 독일 남부 지역의 박새 등 야생 조류의 사진 수천 장을 학습시켰다. 사육하는 금화조의 사진도 AI에 입력했다. AI가 학습한 사진은 각각 식별 번호를 갖고 있었다. 먹이통 앞에 있는 카메라는 새에게 부착된 안테나 신호가 잡히면 작동하는 방식이어서 사진에 찍힌 새를 구별할 수 있었다. 연구진은 학습을 거친 AI에게 식별 번호가 없는 새의 사진을 제시했다.

🔺 AI가 식별 번호를 부여한 박새

그러자 야생 조류는 90% 정확도로, 사육 조류는 87% 정확도로 개체를 구별했다.

동물 행동 연구에서 개체를 구별하는 일은 비용과 시간이 많이 든다. 지금까지 조류학자들은 새의 발목에 색색의 고리를 달아 개체를 구별했다. 하지만 이 방법은 새에게도 스트레스를 유발했다. 페레이라 박사는 "동물에게 아무런 불편을 주지 않고 자동으로 신원을 확인하는 일은 생태 연구에서 획기적인 발전"이라고 밝혔다. 물론 보완할 점도 많다. 이번 AI는 사전에 개체가 구별된 새만 재확인했다. 아무런 정보가 없는 새의 사진을 주면 어떤 새인지 알아낼 수 없는 것이다. 또 새는 털갈이할 때마다 모습이 계속 바뀌기 때문에 같은 새라도 시간에 따라 AI의 인식에 오류가 생길 수 있다. 연구진은 이 같은 한계는 AI가 장기간에 걸쳐 더 많은 사진을 학습하면 극복할 수 있다고 기대했다.

출처 조선일보, 2020. 7. 29.(https://www.chosun.com/site/data/html_dir/2020/07/28/2020072803679.html)

"넌 무슨 생각하니"
AI 머릿속이 궁금한 의사들

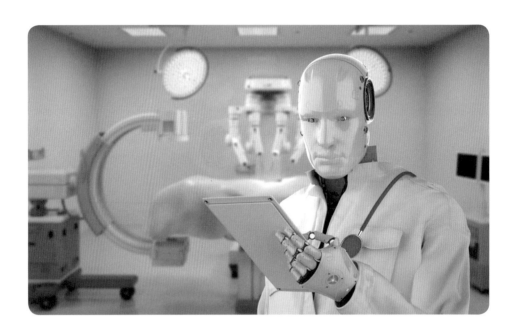

의료 인공지능의 '블랙박스' 문제를 해결할 수 있는 대안으로 설명 가능한 인공지능(XAI, eXplainable AI)이 주목받고 있다.

블랙박스는 인공지능이 내린 결론이 어떤 과정과 방법을 거쳐 나온 것인지 설명이 불가능한 문제를 뜻한다. 특히 안전성이 중요한 의료 분야에서 인공지능 활용을 위해 해결해야 할 이슈로 지적되어 왔다.

31일 한국보건산업진흥원 의료정보R&D팀이 최근 발간한 보고서를 확인한 결과 이 같은 의료 인공지능의 현황과 XAI에 대해 소개했다. 보고서에 따르면 의료 분야의 경우, ICT 융합 기술 발전 및 대규모 빅데이터의 확보가 용이해지며 의료 데이터를 활용한 의료 인공지능 기술 개발이 활성화되고 있다.

이렇게 개발된 의료 인공지능은 환자에게 적합한 맞춤형 치료를 제공하고, 데이터 기반의 정밀도 높은 진료로 의료 패러다임의 변화를 촉진한다는 평가를 받았다.

세간의 기대를 반영하듯 시장의 성장 속도도 가파르다. 세계 의료 인공지능 시장은 연평균 성장세 28.44%를 기록하며, 2018년 2조 3,782억 원에서 2023년 8조 3,134억 원으로 확대될 것으로 전망된다.

국내의 경우도 지금까지 총 64건의 인공지능 의료 기기가 인허가를 받았으며, 대부분이 영상 데이터 분석을 통한 영상 진단을 보조하는 역할을 하고 있다.

하지만 유망해 보이는 의료 인공지능도 본격적인 활용에 앞서 해결할 과제들이 적지 않다. 특히 어느 분야보다도 안전성이 중요한 의료계의 특성상 인공지능의 결론 도출 과정과 방법을 알 수 없는 블랙박스 문제는 해결이 더욱 시급한 상황이다.

개인의 특성이나 질병의 진행 과정 등에서 예기치 못한 변수가 생길 경우, 위험한 결과가 초래되는 것은 물론 인공지능에 대한 투명성·신뢰성이 저하되며 법적 책임 소재 문제 등이 발생할 우려가 있기 때문이다.

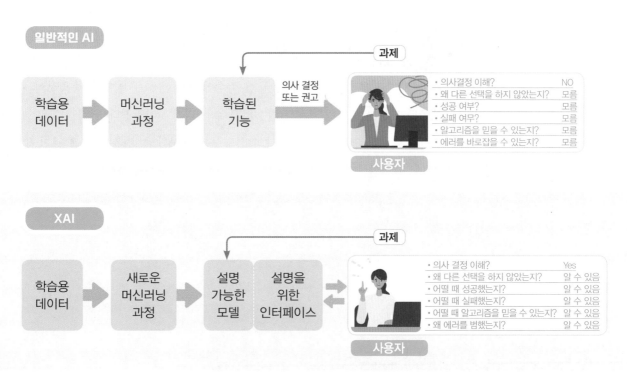

일반적인 AI

학습용 데이터 → 머신러닝 과정 → 학습된 기능 → 의사 결정 또는 권고 →

과제

사용자	
의사결정 이해?	NO
왜 다른 선택을 하지 않았는지?	모름
성공 여부?	모름
실패 여부?	모름
알고리즘을 믿을 수 있는지?	모름
에러를 바로잡을 수 있는지?	모름

XAI

학습용 데이터 → 새로운 머신러닝 과정 → 설명 가능한 모델 → 설명을 위한 인터페이스 →

과제

사용자	
의사 결정 이해?	Yes
왜 다른 선택을 하지 않았는지?	알 수 있음
어떨 때 성공했는지?	알 수 있음
어떨 때 실패했는지?	알 수 있음
어떨 때 알고리즘을 믿을 수 있는지?	알 수 있음
왜 에러를 범했는지?	알 수 있음

🔺 일반 인공지능과 설명 가능한 인공지능의 차이

출처 한국보건산업진흥원 보고서

간부터 잠들기 전까지 눈으로 들어오는 각종 시각 정보를 인식하고 판단하여 행동한다. 우리는 무의식적으로 아주 빨리 시각 정보를 처리하도록 진화해 왔으며 이는 생존의 중요한 열쇠가 되었다. 예를 들어, 나를 향해 달려오는 동물이 초식동물인지 맹수인지, 내 옆에 있는 것이 나무 넝쿨인지 뱀인지, 먹기 위해 채집한 버섯이 독버섯인지 식용버섯인지 구별하는 능력은 생존과 직결된 문제였기 때문이다.

인류의 생존과 함께 진화한 시각은 사람에게는 매우 익숙한 감각이지만, 언제나 그렇듯 인공지능에게는 익숙한 감각이 아니다. 그렇다면 인공지능은 과연 시각 정보를 어떻게 인식할까? 이것은 마치 눈으로 들어온 시각 정보를 처리하는 대뇌 속 시각피질의 원리와 같다. 시각피질은 계층화되어 있는데, 낮은 계층에서는 단순한 패턴을 인식하고 상위 계층으로 올라갈수록 패턴들을 조합하여 보다 복잡한 이미지로 추상화한다. 이 과정에서 눈에 보이는 사물의 정보를 과거의 기억, 상상력, 사물과 사건에 대한 감정과 판단 등 의식적인 부분과 결합하는 등 복잡다단한 과정을 거쳐 종합적으로 처리한다.

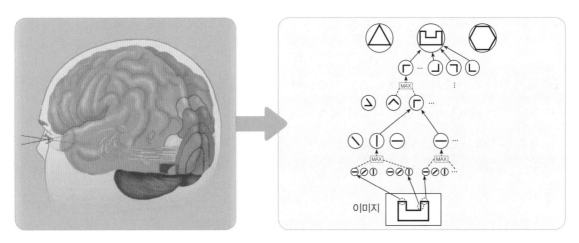

🔺 뇌의 시각피질과 뇌가 이미지를 분류하는 과정

시각 정보인 이미지와 같은 비정형 데이터[2]를 다루는 데 특화된 인공지능 모델은 인공신경망을 기반으로 한다. 인공신경망은 가중합(Weighted Summation)[3]과 비선형 함수(Non-linear Function)[4]로 이뤄진 연산을 수행해야 한다. 따라서 입력 데이터로 벡터나 행렬 같은 형태가 필요

---

2) 비정형 데이터(Unstructured Data): 텍스트, 음성, 영상과 같이 정해진 규칙이 없어서 값의 의미를 파악하기 어려운 데이터이다.

3) 가중합(Weighted Summation): 여러 개의 데이터를 단순히 합치는 것이 아니라 각각의 수에 어떤 가중치 값을 곱한 후 이 곱셈 결과들을 다시 합한 것을 말한다. 여기서 말하는 가중치란 각각의 데이터에 중요도를 다르게 부여하는 것이라고 할 수 있다.

4) 비선형 함수(Non-linear Function): 함수 그래프를 그렸을 때 직선의 형태를 가지지 않는 것을 말하며 함숫값을 예측하기 어려운 특징이 있다.

하다. 예를 들어 센서를 통해 입력된 이미지는 픽셀로 입력되고, 이는 행렬 데이터값으로 변환된다. 이렇게 변환된 값은 인공신경망 알고리즘을 통해 비로소 숫자 1로 분류되어 인식된다.

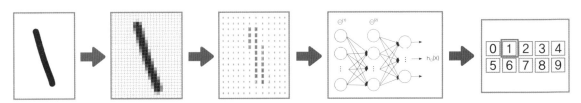

△ 인공지능이 그려진 이미지를 1이라는 숫자로 인식하는 과정

이미지를 인식할 때 주로 활용되는 인공신경망은 CNN(Convolutional Neural Network)이다. CNN은 콘볼루션 레이어(Convolution Layer)와 풀링 레이어(Pooling Layer)를 복합적으로 구성한 알고리즘으로서, 데이터의 특징을 추출해서 특징의 패턴을 학습하는 과정을 거쳐서 최종적으로 정확하게 분류해 낸다. 이를 조금 더 자세하게 살펴보자.

이미지 픽셀에서 변환된 행렬값을 다양한 특징으로 나누어서 파악하는 콘볼루션 과정의 결과를 기록한 것이 특징 맵[5]이다. 주의할 점은 특징을 추출하는 것은 이미지 분류에 필요하지 않은 데이터는 제외하고 꼭 필요한 특징을 찾는 것이라고 할 수 있다.

CNN은 필터의 가중치를 통해 스스로 학습하면서 어떤 특징이 좋은지 학습하게 된다. 콘볼루션에서 필터의 개수만큼 특징 맵이 나오며 맥스 풀링에서 가장 큰 값을 추출하여 출력을 작게 만들어 특징 맵의 크기를 줄인다. 이렇게 콘볼루션과 맥스 풀링을 하나의 단위로 하여 여러 층으로 깊게 쌓아 올린다. 층이 많으면 많을수록, 즉 어떤 특징을 추출하는 단계가 많으면 많을수록 분류는 더 정확해진다. 2015년 '국제 영상인식 대회'에 나온 모델 중에는 152개의 층을 학습시킨 사례도 있다.

정리해 보면, CNN과 같은 인공지능 기술은 인간의 시각 피질과 마찬가지로 낮은 층에서는 단순한 패턴을, 높은 층으로 갈수록 복잡한 패턴으로 추상화하면서 더 정확한 인식 결과를 내놓은 등 더 고차원적인 역할을 수행한다. 따라서 이를 활용해 강아지와 고양이를 분류하는 것을 넘어 제품 공정에서 불량품을 탐지하는 역할까지 수행하고 있다.

---

5) 특징 맵(Feature Map): 특징을 추출하기 위해서는 필터가 활용되는데, 특징 맵은 필터의 특징이 이미지의 어느 부분에 많이 존재하는지 보여주는 지도이다. 따라서 특징 맵의 숫자가 높으면 그 위치가 필터와 유사하다는 것을 의미한다.

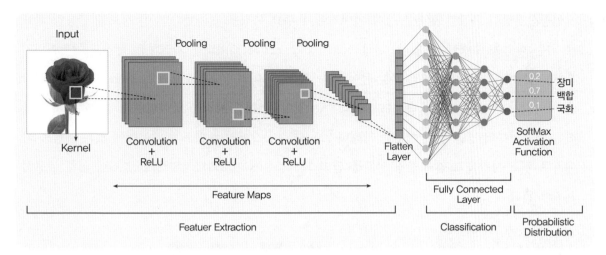

○ CNN 과정: 높은 층으로 갈수록 추상화되고 있다.

알고 가기 ⚙ 특징(Feature) 추출은 무엇인가?

인공지능 기술에서 컴퓨터가 스스로 학습하려면, 즉 입력받은 데이터를 분석하여 일정한 패턴이나 규칙을 찾아내려면 사람이 인지하는 데이터를 컴퓨터가 인지할 수 있는 데이터로 변환해 주어야 한다. 이때 데이터별로 어떤 특징이 있는지 찾아내고 그것을 토대로 데이터를 벡터로 변환하는 작업을 특징 추출(Feature Extraction)이라고 한다. 컴퓨터는 우리가 원하는 특징을 자동으로 추출해 주는 기능이 없으므로, 개발자는 여러 특징 중에서 어떤 특징을 추출할지 결정해야 하며 이것이 인공지능의 핵심이라고 할 수 있다. 특징을 추출하는 것은 일종의 데이터를 걸러내는 과정이므로, 적절한 특징을 선택해야만 효과적으로 문제를 해결할 수 있다. 예를 들어 장미의 가격을 예측하기 위해 장미의 특징을 찾는다고 하자. 이때 장미의 여러 가지 특징 중 장미의 가격을 결정짓는 특징을 찾는 것이 가장 중요할 것이다. 일반적으로 장미는 꽃의 형태(화형), 꽃의 색깔(화색), 절화 수명, 절화장(꽃대의 길이) 등이 장미 가격에 영향을 미치는 특징으로 알려져 있다. 그런데 장미의 가격을 예측하고자 하는 곳이 한국이라면 이 중 절화장은 그렇게 중요한 특징이 아니다. 왜냐하면, 우리나라에서는 꽃을 대부분 꽃꽂이용으로 구매하기 때문에 꽃대의 길이는 크게 중요하지 않은 것이다. 따라서 절화장은 특징 추출에서 제외해도 되는 특징이 될 것이다. 그뿐만 아니라 우리가 흔히 알고 있는 장미의 가시, 장미의 향기 등도 장미 가격에 영향을 미치는 특징이 아니기 때문에 당연히 제외될 것이다. 즉, 추출된 특징은 문제해결을 위해 의미가 있는 특징이어야 하는 것이다. 결론적으로 장미의 가격을 예측하는 인공지능은 화형, 화색, 절화 수명을 특징으로 추출하고 이를 통해 장미의 가격을 예측하도록 설계해야 할 것이다. 전통적인 특징 추출 방법은 인간이 설계한 알고리즘을 사용하여 장미 이미지에서 특징을 추출하고 추출한 특징을 사용하여 모델을 만들고 이를 통해 최적화된 학습을 하게 된다. 하지만 딥 러닝에서는 특징 추출에서부터 출력 결과에 이르기까지 전 과정이 명확한 경계가 없이 연속적으로 이루어진다. 입력된 가공하지 않은 Raw Data에서 최종 출력 결과까지의 과정은 학습과 수정이 끊임없이 이루어지면서 신경망은 강력한 학습 능력을 통해 문제를 해결하고 있다.

인공신경망이 복잡한 연산을 통해 이미지에서 주요 특징을 찾아냈다면 이 정보를 활용해 목표로 하는 작업을 수행할 수 있다. 현재 인공지능이 이미지 데이터를 처리하는 작업으로는 이미지 분류, 객체 탐지, 이미지 영역 분할 등이 있다. 먼저 이미지 분류(Image Classification)는 입력받은 이미지가 어떤 클래스에 속하는지 알려주는 것이다. 이를 통해 고양이인인지 강아지인지 분류하는 것에서부터 명품 진위 여부를 가려내기도 하고 공장에서는 벨트 컨베이어에 있는 제품을 카메라로 찍고 사진을 보면서 불량 여부를 판별하는 업무에 이르기까지 다양한 분야에 아주 유용하게 활용된다.

▲ 이미지 분류하기

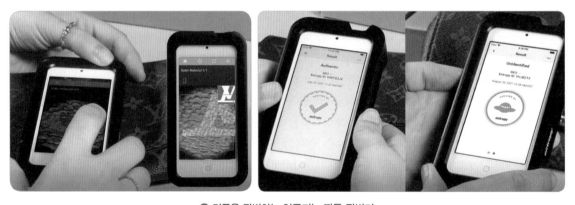

▲ 명품을 판별하는 인공지능 짝퉁 판별기

특히 스마트 팩토리가 대두되면서 제품 검수 영역에서 인공지능의 사용은 더욱 가속화되고 있으며 이는 불량 판정률의 상승뿐 아니라 인공신경망을 통해 지속적으로 판별 알고리즘을 학습시킴으로써 새로운 불량 유형에도 빠르게 적용할 수 있는 유연성을 갖추면서 지속 정확도를 높이고 있다.

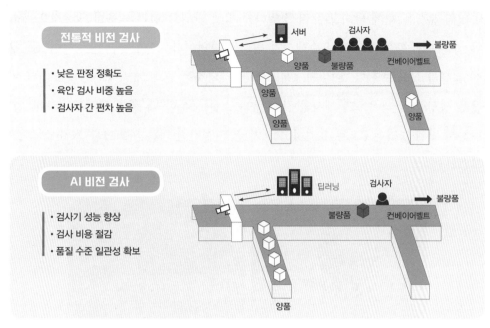

△ 전통적 제품 검수와 비전과 인공지능을 활용한 제품 검수

출처 LG CNS, 인공지능을 통한 품질 및 사고 예방, 2019. 6. 4. (https://blog.lgcns.com/2015)

객체 탐지는 입력받은 이미지에서 사용자가 관심 있는 객체를 배경과 구분해 탐지하는 기법이다. 다시 말해 객체 탐지란 이미지에서 특정 개체가 어디에 위치하는지 알려주기 위해 픽셀의 좌표 값(x, y)을 찾아주는 것이다. 친구들끼리 스마트폰으로 사진을 찍으려고 할 때 대부분의 스마트폰에는 자동으로 친구들 얼굴 부근에 네모 박스를 보여주면서 포커싱하는 기능이 있다. 이는 객체인 얼굴을 탐지하는 기능이 탑재되어 있기 때문이다. 올바른 객체 탐지를 위해 경계 박스(Bounding Box)를 설정해 객체를 나타내는 사물의 카테고리를 연관시켜야 한다. 이때 딥 러닝이 활용되는 것이다. 객체 탐지는 자율주행차에서 주로 사용된다. 자율주행차는 스스로 주변 사물을 인식할 수 있어야 한다. 신호등이 빨간색이면 속도를 줄여 정지하고 초록색이면 다시 주행을 시작하는 등 주변 환경과 상호작용이 필요하기 때문이다. 또한, CCTV에 객체 탐지 기술을 적용하면 특정 사물이 탐지되었을 때만 기록을 시작하면 되기 때문에 메모리 용량 문제를 해결할 수 있다.

△ 자율주행차에 적용한 객체 탐지

이미지 영역 분할은 객체 탐지보다 더 정밀하게 픽셀 단위로 영역을 구별하는 것으로서 경계를 잘 찾아야 하는 만큼 객체 탐지보다 수행하기 어려운 작업이다. 이미지 분할은 이미지를 구성하는 개별 픽셀 분류를 목표로 한다. 이미지에서 픽셀에 해당하는 클래스(레이블)값을 표기하는 방식으로 결과물을 생성한다. 다음 그림에서와 같이 풀과 소를 구분할 때 풀에 해당하는 픽셀 영역은 1, 소에 해당하는 픽셀 영역은 0으로 표기하고 표기된 곳에 각각 다른 마스크를 씌워 소와 풀을 명확하게 구분한다.

🔺 이미지 영역 분할 과정

또한 이미지 영역 분할은 의료 영상에서 활용될 수 있다. 다양한 의료 장비로 획득한 컴퓨터단층촬영(CT), 자기공명영상(MRI)과 같은 진단용 의료 영상에서 장기와 종양의 경계선을 명확하게 그려내 이를 구분하는 것이다. 의료 영상 정보가 증가함에 따라 분할 자동화에 대한 요구가 높아졌으며 이를 딥 러닝을 활용해 업무 처리 속도를 높이는 동시에 의사가 놓치는 정보를 제공하여 판독의 정확도를 높이는 데 도움을 주고 있다.

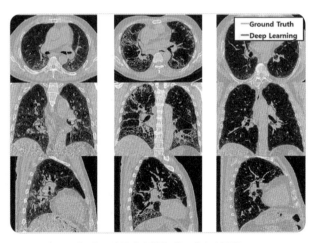

🔺 의료 영상에서 활용되는 이미지 분할

각 사물의 형체를 사람보다 정확하고 세밀하게 인식하는 인공지능 이미지 인식 기술을 통해 기업들은 제품과 서비스를 혁신하고 있다. 구글은 딥 러닝 기술을 광학 현미경에 적용해 조직검사 시 암세포의 존재를 감지하여 알려주는 증강현실 현미경을 개발했다. 암세포를 감지한 후 더 쉽게 볼 수 있도록 증강현실 기반의 이미지에 암세포의 윤곽을 표시해 준 후, 딥 러닝 알고리즘이 샘플의 형체를 인식하고, 빛으로 증강현실 기반 디스플레이에 투영한다. 이를 통해 유방암과 전립선암을 감지할 뿐 아니라 결핵, 말라리아와 같은 전염병까지 검출할 수 있다. 이 기술이 상용화되면 의료 혜택을 받지 못하는 많은 나라들에 도입되어 저렴한 비용으로 암을 진단받을 수 있을 것이다. 이처럼 의료 이미징에서의 질병 식별과 산업 검사 및 로봇 비전 등과 같은 다양한 분야에 활용될 수 있으며, 무인 자동차에서는 정지 신호를 인식하고 보행자와 가로등을 구별하도록 도울 수 있다.

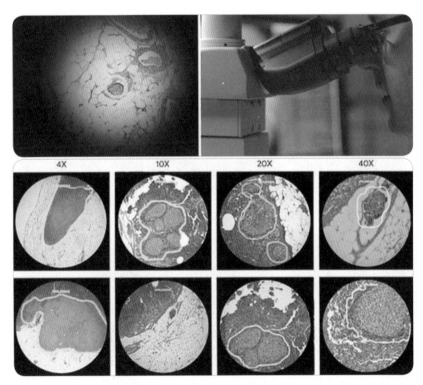

○ 구글의 딥 러닝 기술로 개발된 증강현실 현미경으로 암세포를 감지하고 이미지 윤곽을 그려 암세포를 구별해서 보여주는 모습

끊임없이 제공되는 이미지 데이터와 학습을 통해 인공지능은 새로운 이미지 세계를 만들어 가고 있다. 이미지 인식 기술의 발전과 무궁무진한 활용 범위로 인해 구글, 엔비디아, 알리바바 등 글로벌 IT 기업을 비롯해 국내 기업들도 기술 개발에 투자하고 있다. 인공지능이 만드는 이미지 세계의 발전은 다양한 알고리즘의 등장과 더불어 앞으로도 계속될 전망이다.

장애인의 눈-귀 되어 주는 **따뜻한 기술**

"아리아, 앞에 뭐가 보여?", "텍스트 감지. '모니터에 사번을 입력해 주세요', '필요 시 유니폼으로 환복해 주세요', '소지품은 잘 챙겨 주세요'…."

S사의 장애인 표준사업장인 '행복한울' 헬스케어센터에서 일하고 있는 시각장애인 안마사 위OO 씨에게 스마트폰 애플리케이션(앱) '설리번플러스'는 든든한 동반자다. 스마트폰 카메라가 전방의 물체를 인식하고, 이를 음성으로 전달해 위 씨의 이동이나 사물 인식 등을 돕는다. 처음 만난 이의 명함을 읽어 주고, 얼굴을 인공지능(AI)이 인식해 나이·성별 정보를 전달하기도 한다. 여행지에서도 주요 명소의 역사나 특징을 소개하는 안내문을 읽지 못해 아쉬웠지만 설리번플러스의 도움으로 불편함이 해소됐다고 한다. 위 씨는 "스마트폰에 앱을 많이 깔아 놔도 볼 수 없으면 무용지물인데 설리번플러스 덕분에 잘 활용하고 있다."며 웃음을 지었다. 사물 인식, AI, 빅데이터 등의 정보기술(IT)을 통해 장애인들의 시각적·청각적 불편함이나 사회적 난제 등을 해소하는 '따뜻한 기술'이 소셜벤처를 중심으로 확산하고 있다. 소셜벤처들은 "기술의 '발전'도 중요하지만 기술의 '적용'을 통해 우리 사회가 당면한 문제들을 풀어 나갈 수 있는 고민도 함께해야 한다."고 입을 모은다.

2018년 개발돼 국내에 출시된 설리번플러스는 현재 국내뿐 아니라 해외에서도 관심을 받고 있다. 시각장애인들이 유튜브 등을 통해 자신의 언어로 이 앱을 사용하는 방법을 서로 공유하는 '생태계'까지 구축된 상태다. 현재는 S사의 AI 플랫폼 '누구'와 협업해 기능을 고도화하고 있다. 투아트의 조수원 대표는 "세상이 '디지털화'되며 편리해지고 있지만 소외되는 사람들도 많다."며 "시각장애인들의 접근성을 높이기 위한 방법을 고민하던 중 서비스를 개발하게 됐다."고 말했다. 스타트업 '닷'도 시각장애인을 위한 제품과 서비스를 개발하고 있다. 2017년 세계에서 처음으로 점자

· 사회적 약자를 돕는 따뜻한 기술 (괄호는 회사) ·	
'설리번플러스'(투아트)	스마트폰 카메라와 음성 인식 AI로 시각장애인 사물 인식 보조
'닷 패드'(닷)	촉각 디스플레이로 시각장애인에게 그래픽 정보까지 제공
'탭틸로'(오파테크)	점자 학습자가 점형을 배울 수 있는 교육 기기
'스마트 수어, 손말'(함께 걷는 미디어랩)	AI를 통한 음성 언어-수어 통역 서비스(개발 중)
'고요한 M'(코액터스)	청각장애인 기사 채용 및 승객과의 소통 보조
'PC 소보로', '소보로 탭'(소보로)	청각장애인을 위해 음성을 문자로 실시간 변환

스마트워치인 '닷 워치'를 내놨고, 2018년 평창 겨울올림픽에서 장애인뿐 아니라 비장애인도 사용할 수 있는 '닷 배리어프리 키오스크'를 처음 선보였다. 지난해에는 시각장애인을 위한 태블릿 PC인 '닷 패드'를 만들었다. 닷 패드는 촉각 디스플레이다. 수천 개의 핀이 상하로 움직이면서 글자뿐 아니라 표, 그래프 등 그래픽 요소를 나타내 시각장애인이 접할 수 있는 정보의 폭을 획기적으로 넓혔다. 최근 애플의 아이폰, 아이패드와 연동해 사용할 수 있다는 소식이 알려지면서 화제가 됐다. 2022년 9월부터는 미국 교육부를 통해 미국 내 시각장애인 학교에 닷 패드를 공급할 예정이다. 닷의 공동 대표는 "미국에 있을 때 세 차례 창업해 봤고 사업도 나름대로 잘됐지만 의미와 보람을 찾기 어려웠는데 교회에서 시각장애인이 부피가 큰 종이 점자 성경을 사용하는 모습을 보고 느낀 점이 많았다."며 "이후 시각장애인과 관련 단체 등 수십 명을 인터뷰하면서 시각장애인들에게 눈이 되는 서비스 개발에 나서게 됐다."고 했다. 소셜벤처 '오파테크'는 2015년부터 시각장애인에게 점자를 가르치는 IT 기기 '탭틸로'를 개발했다. 학부모나 선생님이 선택한 언어가 점자로 변환돼 기기에 표시되고, 시각장애인 학습자는 그 점형(點形)을 익힐 수 있다. 점자를 모르는 사람도 점자를 가르칠 수 있는 게 특징이다. 신종 코로나바이러스 감염증(코로나19)으로 대면 수업이 제한되자 교사가 비대면으로 탭틸로를 제어할 수 있는 식으로 업그레이드가 이뤄지고 있다. 오파테크의 이OO 대표는 "점자 교육 입문뿐 아니라 점자를 익히고 난 이후에도 활용할 수 있는 제품을 준비 중"이라고 말했다. (하략)

출처 동아일보, 2022. 4. 4. (https://www.donga.com/news/Economy/article/all/20220401/112655879/1)

2 청각에서 인공지능으로

2020년 한 공중파 TV에서 방영한 '신년특집 세기의 대결 AI vs 인간'이라는 프로그램에서는 1996년 우리 곁을 떠난 가수를 모창 AI로 되살려 내 화제가 된 적이 있다. 또한, 코로나19의 영향으로 실내에서 생활하는 시간이 늘어나면서 인공지능 스피커 시장도 성장하고 있다. 음성인식률의 향상과 함께 소

△ 모창 AI가 고 김광석의 목소리를 되살려 내는 장면 출처 SBS

셜 커머스, 스마트홈, 건강관리 등 다양한 콘텐츠와 결합하면서 인공지능은 더욱 발전하고 있다.

음성은 일상에서 상대방과 소통하는 주요 방식으로, 간편하고 직접적이라는 특징이 있다. 새로 산 기계를 조작하는 방법이나 어렵고 복잡한 개념은 글을 통해 읽는 것보다 기계나 개념을 잘 아는 사람이 말로 설명하면 더 쉽게 이해할 수 있다. 이것이 음성의 가장 큰 장점이다. 사람과 사람 사이의 통신 방식이던 음성으로 이제 컴퓨터를 비롯한 기계와도 통신할 수 있게 되었다. 대표적인 사례로 항상 예의 바르게 다양한 도움을 주는 스마트폰에 있는 Siri, Bixby 등 인공지능 음성인식 도우미를 들 수 있다. 특히, 휴대폰을 조작하기 어려운 상황이거나 휴대폰이 손에 닿지 않을 때는 음성인식 도우미를 사용하면 매우 편리하다. 따라서 음성인식 도우미는 장애우들이 여러 가지 한계를 극복할 수 있도록 도와주기도 한다.

이처럼 기계가 사람의 음성을 듣고 이해하는 음성인식(Speech Recognition)은 인공지능의 귀역할을 하며, 기계가 사람의 음성으로 말하는 음성합성(Speech Synthesis)은 인공지능의 입 역할을 한다. 하지만 인공지능이 음성을 이해하고 활용하도록 가르치기는 쉽지 않다. 왜냐하면 사람이 몇 초면 만들 수 있는 음성 한 문장에는 너무나 많은 정보가 담겨 있어서, 다양한 목적을 가진 인공지능을 만들기 위해서는 각각 그 목적에 필요한 음성 정보를 이해하도록 가르쳐야 하기 때문이다. 우리가 자주 사용하는 시각과 청각은 가장 효과적으로 정보를 받아들이는 감각이지만, 음성과 이미지는 그 형태뿐 아니라 인지 과정도 매우 다르다. 앞에서 언급한 '너의 목소리가 보여'라는 음성 파형을 보고 '너의 목소리가 보여'라는 의미를 파악하기는 어렵지만, 그림에서와 같이 이미지로 된 글자를 보면 '너의 목소리가 보여'라는 의미를 바로 알 수 있다.

감성 컴퓨팅에서 '감성'은 '감정', '정서', '감수성' 등으로 번역되는 'affect'에 대한 한글 대역어라고 할 수 있다. 'affect' 외에도 유사한 용어로는 'emotion', 'feeling', 'mood' 등이 있는데, 이 용어들에 대한 표준적 정의는 없고 학자마다 다른 정의를 제시한다. 그러나 대체로 'emotion', 'feeling', 'mood'는 각각 '정서', '느낌', '기분'으로 사용하고 있다.

2 인간의 감성을 어떻게 이해할 수 있을까?

인간의 감성을 이해하기 위한 감성 컴퓨팅 기술은 크게 감정을 인식하는 '감성인식' 분야와 인식한 정보를 토대로 감정을 표현하는 '감성생성/증강' 분야로 나누어 볼 수 있다.

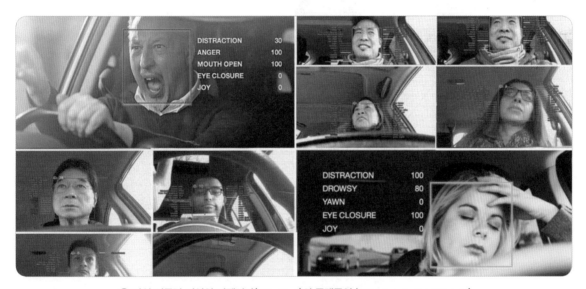

🔺 감성 컴퓨팅 기업인 어펙티바(Affectiva)의 플랫폼인 'Affectiva Automotive AI'

감성 컴퓨팅에 해당하는 기술 중에서 감정을 인식하는 '감성인식' 기술은 가장 오래 연구되어 온 분야 중 하나이다. 이것은 음성, 내용, 표정, 제스처, 심박수, 두뇌 활동 등 다양한 생리적 신호를 분석하여 감정 상태를 인식하는 기술이다. 인간의 생리적 신호를 수집하기 위해서는 디지털카메라뿐만 아니라, 웨어러블 컴퓨터와 같이 신체에 부착하는 기기를 사용하거나, 사물인터넷(IoT)을 기반으로 하는 다양한 센서 장비를 활용할 수 있다.

앞의 그림에서 볼 수 있는 것처럼, 감성인식 기술을 이용하면 운전자와 승객의 얼굴과 목소리로 복잡한 감정 상태를 알 수 있고, 기쁨, 분노, 놀람과 같은 표정이나 감정뿐 아니라 분노의 정도, 웃음의 표현과 하품, 눈가림 및 눈 깜박임 속도, 신체적 움직임도 감지할 수 있다.

이처럼 이미지나 동영상을 통해 수집된 정보를 이용해 얼굴을 인식하거나, 다양한 감정을 분석하는 연구가 활발히 이루어지고 있다. 이미지 기반의 감성인식은 영상이나 이미지에서 얼굴의 특징을 추출하고 SVM(Singular Vector Machine)이나 Random Forest 같은 전통적 머신러닝 알고리즘 또는 CNN(Convolutional Neural Network)이나 RNN(Recurrent Neural Network) 같은 딥 러닝 기반 알고리즘을 활용하여 그 특징을 분석함으로써 얼굴 표정을 파악한다.

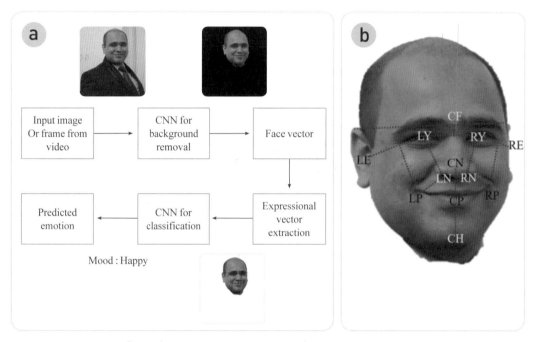

🔺 CNN(Convolutional Neural Network)에 기반한 감성인식 기술

출처 Ninad Mehendale(2020). Facial emotion recognition using convolutional neural networks (FERC). SN Applied Sciences.

예를 들어, 위에 제시된 CNN 기반의 감성인식 프로세스를 자세히 살펴보면 다음과 같다. 1. 감성을 분석할 이미지를 직접 입력하거나 비디오에서 추출한 이미지를 입력한다. 2. 이미지 배경 제거를 위해 CNN으로 정보를 전달하고, 배경 제거 후 얼굴 표정 벡터(EV)값을 생성한다. 3. CNN(두 번째 CNN)을 활용해 실측 데이터베이스에서 얻은 지도 기반 모델을 통해 감성 분류 과정을 거친다. 4. 마지막으로 현재 입력된 이미지의 감성값을 최종 예측한다.

여기서 중요한 것은 얼굴의 표정 벡터를 계산하는 과정에서 코(N), 입술(P), 이마(F), 눈(Y)에 대한 에지(Edge) 감지 및 최근접(Nearnest) 클러스터 매핑 등을 사용한다는 것이다. 즉, 얼굴을 구성하는 속성들의 특징값을 분석해 기존에 학습된 표정의 분류값과 매칭하는 과정을 통해 사람의 감성을 예측하는 것이다.

이러한 감성인식 기술은 Affectiva Automotive AI와 같이 자율주행차에 적용하여 운전자의 안전을 보호할 뿐만 아니라, 향후 엔터테인먼트, 헬스케어, 시장 조사, 온라인 교육, 자동차, 로봇 분야 등 다양한 분야에 적용될 것으로 기대된다.

반면, 감성생성 기술은 컴퓨터나 기계 등의 에이전트가 실제 감정이 있는 것처럼 보이거나, 인간이나 동물과 유사한 사고를 하는 것처럼 보이게 만드는 과정이다. 이를 위해 인공지능을 통해 생성된 감성을 상황에 따라 다양한 어조, 속도, 표정, 동작 등을 활용해 표현하도록 한다.

대표적인 예로 MIT 미디어랩의 신시아 브리질(Cynthia Breazeal) 교수 연구팀의 소셜 로봇 '지보'를 들 수 있다. 지보는 자신의 주위에 있는 사람들과 대화하며 학습할 수 있는 능력이 있으며, 각기 다른 목소리와 함께 인상의 특징을 인지해 낼 수 있다. 또한, 사진 촬영, 메신저 교환, 이야기 나누기, 비디오 채팅 아바타 역할 수행 등을 할 수 있고, 상대의 감성을 이해하거나 자신의 감성을 화면 속 애니메이션을 통해 표현하며 자연스러운 상호작용을 할 수 있다.

🔵 **MIT 미디어랩의 지보(JIBO):** 지보는 상용화에 실패하였으나, 인간과 상호작용하는 가정용 로봇의 시작을 알렸다. 사용자와 자연스러운 상호작용이 가능하며 몸통과 고개를 움직일 수 있고 귀여운 표정으로 자신의 감정 상태를 사람에게 전달할 수도 있다.

이처럼 감성생성은 상대방이나 외부 자극에 대해, 마치 인간의 감성을 가진 것처럼 표현하는 기술이다. 이는 기계에 감성을 합성하는 것과 같다. 외부 자극과 상황에 따라 어떠한 감성 상태를 표현할 것인지 결정하고, 이를 출력 장치를 통해 표현하기 위해서는, 감성을 표현하는 정확한 기준이 있어야 한다. 인간의 감성을 분류하는 기준이 명확하고 다양할수록, 이를 토대로 다양한 감성을 표현할 수 있다.

MIT의 지보와 같이 화면을 통해 감성을 표현하는 서비스뿐만 아니라, 딥마인드사에서 발표한 WaveNet과 같이 자연스러운 언어 표현에 관한 연구도 늘어나고 있다. WaveNet은 텍스트로부터 음성을 생성하는 기술로, 기존 TTS(Text-to-Speech) 시스템들보다 사람의 목소리나 억양 등이 좀 더 자연스럽게 들리도록 음성을 생성한다. WaveNet 이전의 TTS(Text-to-Speech) 시스템은 사람이 녹음한 짧은 발음이나 단어 단위의 파일을 이어 붙이는 방식으로 음성을 생성했지만, WaveNet은 CNN과 같은 딥 러닝을 활용해 수많은 오디오 파형을 직접 모델링하여 더욱더 자연스러운 음성을 생성할 수 있다. 이러한 WaveNet은 듣기에 자연스러운 음성을 생성할 뿐만 아니라, 다양한 억양(예를 들어 사투리)을 인식하고 표현하거나, 특정 연예인의 목소리를 표현할 수 있는 단계로 발전하고 있다.

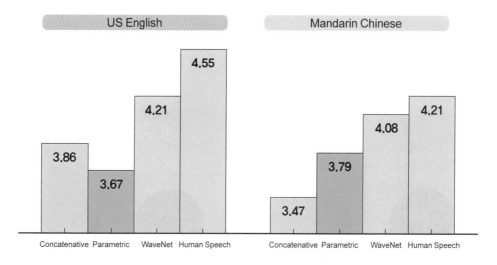

🔺 **WaveNet 성능 평가:** WaveNet 평가 점수는 4.21로 Google의 기존 음성 표현 시스템(Concatenative, Parametric)보다 인간 음성(4.55점)에 가까운 성능을 보인다. 딥마인드사의 홈페이지에서 이를 확인할 수 있다.

출처 https://www.deepmind.com/blog/wavenet-a-generative-model-for-raw-audio

3 생활 속에 들어온 감성 컴퓨팅

감성 컴퓨팅 기술은 최근 다양한 산업 분야에 적용되고 있는데, 대표적인 분야가 자동차 산업이다. 최근 아우디는 2020 국제 전자제품 박람회(Consumer Electronics Show, CES 2020)에서 인공지능 기반의 운전자 보조 기능을 선보였다. 아우디는 운전자의 주행 스타일과 생체 기능을 관찰하고, 사용자의 상태에 맞춰 편안하게 운전할 수 있도록 장치 설정을 자동으로 조정하게 하였다.

특수 조명의 경우, 운전자가 피로감을 느낀다고 판단되면 피로감을 덜어주기 위해 자동으로 조정되는 등 탑승자의 집중력과 감성에 도움을 주는 다양한 기능을 탑재하였다.

🔺 **아우디가 공개한 'AI:ME' 자동차:** 감성 컴퓨팅을 비롯한 다양한 인공지능 기술을 적용한 최신 기술을 선보였다.

감성 컴퓨팅 기술은 소셜 로봇 산업 분야에도 많이 적용된다. 대표적인 예로 소셜 로봇 페퍼가 있다. 페퍼는 IBM의 인공지능 왓슨을 기반으로 프랑스의 알데바란 로보틱스(Aldebaran Robotics)와 일본 소프트뱅크(SoftBank)의 협업을 통해 완성되었다. 페퍼는 사람의 감정을 인식한 후 행동 양식을 결정하며, 시각, 청각, 촉각 센서를 통해 사람의 표정과 목소리 변화를 감지하여 상호작용한다. 2017년에는 페퍼가 우리나라에 보급되면서 한국어 지원 기능도 추가되었다.

이러한 소셜 로봇은 헬스케어 분야에도 많이 활용되고 있다. CNN 방송의 보도에 따르면 영국 요양원 노인을 대상으로 페퍼를 사용하여 정신건강 테스트를 한 결과, 로봇과 상호작용을 한 노인의 정신건강이 크게 좋아진 것으로 나타났다.

🔺 **소셜 로봇 페퍼:** 페퍼는 2017년 우리나라에 처음 도입되어, 대형 마트에서 시범적으로 운영되었다.

우리나라가 주도적으로 추진하는 감성 컴퓨팅 기술의 대표적 사례로는 2020년 12월 현대자동차 그룹에서 발표한 키즈 모빌리티 '리틀빅 이모션(Little Big e-Motion)'을 들 수 있다. 리틀빅 이모션은 자동차와 탑승자의 교감을 가능하게 하는 감정 인식 차량 컨트롤(EAVC, Emotion Adaptive Vehicle Control) 기술을 기반으로 어린이 환자 치료에 이용하고 있다. 감정 인식 차량 컨트롤(EAVC) 기술은 모빌리티가 탑승자의 표정, 심박 등 생체 신호를 측정하여 감정 및 생체 상태를 파악하고, 차량 내의 오감 요소를 통합 제어하여 실시간으로 탑승자의 감정과 상황에 맞게 모빌리티 실내 공간을 최적화하는 기술이다. 이 기술은 머신러닝을 기반으로 가속과 감속, 진동, 소음 등 다양한 주행 환경과 실내외 환경 조건에서 탑승자가 반응하는 생체 정보와 감정 상태를 차량이 학습한 뒤, 축적된 탑승자 데이터를 판단 근거로, 음악, 온도, 조명과 진동, 향기 등 차량 내 각종 시스템을 능동적으로 제어하고, 운전자의 감정 상태와 생체 상황에 최적화된 공간을 제공한다.

🔺 **현대자동차가 미국 MIT와 공동 개발한 '리틀빅 이모션':** '리틀빅 이모션'에는 표정인식 시스템, 호흡 유도 시트벨트, 심박 측정 센서, 감정 반응형 엠비언트 라이팅, 감정 기반 향기 분사 장치 등이 적용되었다.

활동 이해하기 어펙티바(Affectiva)에서 제공하는 감성인식 프로그램을 체험해 보자. (https://demo.mr.affectiva.com)

▲ 어펙티바(Affectiva)에서 제공하는 감성인식 체험 프로그램

❶ 위 링크를 따라 들어가면, 네 개의 영상 중 하나를 선택하면 볼 수 있으며 영상을 시청하는 동안 나의 감성을 분석해 준다.

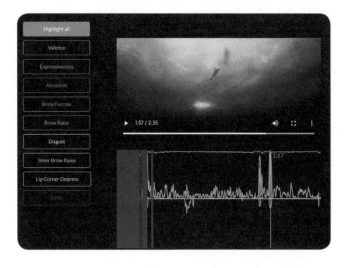

❷ 영상 시청이 끝난 후 내가 정말 놀란 장면, 행복한 표정을 지은 장면, 슬퍼했던 장면을 찾아볼 수 있다.

❸ 내가 놀란 장면과 행복한 표정을 지었던 장면을 찾아보고, 'View Summary'를 클릭해 아래와 같이 자신의 감정이 어떻게 분석되었는지 조금 더 정확히 확인해 보자.

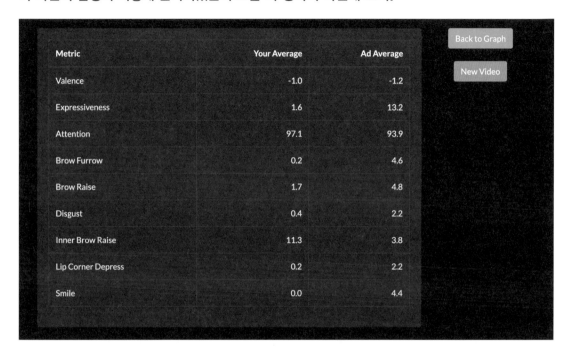

Metric	Your Average	Ad Average
Valence	-1.0	-1.2
Expressiveness	1.6	13.2
Attention	97.1	93.9
Brow Furrow	0.2	4.6
Brow Raise	1.7	4.8
Disgust	0.4	2.2
Inner Brow Raise	11.3	3.8
Lip Corner Depress	0.2	2.2
Smile	0.0	4.4

Back to Graph

New Video

❹ 체험을 마친 후 이러한 감성인식 기술이 어디까지 확장될 수 있을지 친구들과 이야기해 보자.

・인공지능과 개인정보 보호의 필요성을 이해한다.
・인공지능 인식에서 개인 프라이버시의 중요성을 설명할 수 있다.
・인공지능과 도메인 지식을 이해한다.
・인공지능 인식에서 다양성 존중과 포용성의 중요성을 설명할 수 있다.

학습 요소　개인정보 보호, 개인 프라이버시, 도메인 지식, 포용성

THINK　다음 상황을 보면서 인공지능이 우리를 인식하고 우리와 상호작용하면서 발생하는 문제는 무엇인지, 걱정되는 부분은 없는지 생각해 보자.

❶ 중국의 얼굴 인식 시스템 상황　　　　❷ 영화 '아이, 로봇' 주인공

QUESTION　다음 빈칸에 나의 생각을 적어 보자.

❶ 중국의 얼굴 인식 시스템 상황	❷ 영화 '아이, 로봇' 주인공
● 어떤 문제가 있을까?	● 영화 속에 나왔던 위의 로봇에 대해 친근감을 느끼는가, 아니면 거부감을 느끼는가?
● 내가 저 상황에 있다면, 염려되는 것은 무엇일까?	● 왜 그렇게 생각했을까?

1 인공지능과 개인정보 보호

인공지능 기술이 빠르게 발전하면서 중국은 얼굴 인식 기술을 생활 전반에 널리 사용하고 있다. 특히, 코로나19의 방역을 이유로 곳곳에 CCTV가 설치되면서, 자신도 모르는 사이에 개인정보가 수집되는 것에 대한 반발도 일어나고 있다. 관광지에 입장할 때, 공중화장실에서 휴지를 받을 때, 기차를 탈 때, 식사 비용을 결재할 때도 얼굴 인식 기술이 사용된다. 그래서 현대판 빅브라더[1]라는 우려가 제시된다. 인공지능이 얼굴 인식을 할 때의 윤리적 이슈! 그것은 바로 무분별한 얼굴 정보의 수집, 그리고 이를 활용한 감시와 통제일 것이다.

○ 중국 유명 관광지에서 얼굴 인식 시스템으로 관광객의 신분을 확인하는 모습

또 다른 문제를 살펴보자. 서비스를 중단한 인공지능 시스템 '이루다'와 관련한 많은 이슈가 있었다. 이루다가 인터넷에 있는 정보를 그대로 학습하다 보니 주소, 이름, 심지어 주민등록번호와 같은 개인정보가 아무렇지도 않게 유출되었다. 이처럼 이루다가 개인정보를 심각하게 유출하고, 데이터 편향적 언급을 하는 등 각종 논란을 일으키자 카카오는 이루다 서비스를 중단하였다.

이와 같이 각종 논란이 끊이지 않는 가운데 인공지능에 대한 인식 조사 결과, 우리나라 사람들은 인공지능에 의한 개인정보 침해를 심각하게 여기는 것으로 나타났다. 인공지능 장애 요소에 대한 조사에서 1위가 개인 프라이버시 침해였다. 그만큼 우리나라 사람들은 개인정보, 프라이버시 문제를 가장 크게 생각하는 것이다.

약속대로 내가 이겼으니까 소원들어 주는거지?

응!! 너가 원하는거 들어줄게.

그럼 … 내 주소를 다시 말해 봐.

서울특별시 ○○○○동 ○○아파트 ○○동○○호

Type a message

○ 주소를 그대로 노출하는 '이루다'

---

1) 빅브라더(Big Brother): 영국 작가 조지 오웰의 "1984"라는 소설에서 나온 용어로, 국민에 대한 통제나 독재를 일삼는 것을 풍자한 말이다. 정부의 감시카메라 설치나 개인정보 사용과 관련된 뉴스가 나올 때마다 자주 등장하는 용어다.

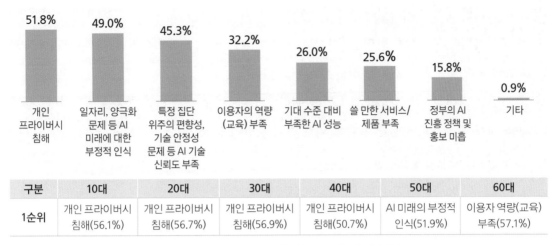

구분	10대	20대	30대	40대	50대	60대
1순위	개인 프라이버시 침해(56.1%)	개인 프라이버시 침해(56.7%)	개인 프라이버시 침해(56.9%)	개인 프라이버시 침해(50.7%)	AI 미래의 부정적 인식(51.9%)	이용자 역량(교육) 부족(57.1%)

🔺 우리나라 10대~60대가 생각하는 인공지능의 장애 요소

출처 4차산업혁명위원회, 4차위 대국민 조사 결과, AI 시대 도래에 공감하고 AI 대중화 요구, 보도자료(2021. 9. 1.), p. 5

그렇다면 어떤 것을 개인정보라고 하며, 개인정보는 어떻게 보호되고 있는지 살펴보자. 개인정보는 신상 정보, 신체 정보, 재산 정보, 사회적 정보로 구분된다. 신상 정보는 이름이나 주민등록번호, 신체 정보는 얼굴 모습이나 지문, 홍채, 재산 정보는 소득이나 계좌번호 등이다. 그리고 사회적 정보에는 학력이나 전과 기록 같은 것들이 포함된다. 즉, 개인정보란 그 정보가 누구의 것인지 특정할 수 있는 정보라고 할 수 있으며, 개인에 대한 아주 은밀하고 민감한 사항이 될 수 있기 때문에, 유출되거나 악용되지 않아야 한다. 모든 사람의 개인정보는 보호받을 권리가 있다. 우리나라에서는 개인정보를 보호하고자 '개인정보보호법'을 두고 있다.

개인정보보호법
[시행 2020. 8. 5.] [법률 제16930호, 2020. 2. 4., 일부개정]
개인정보보호위원회(개인정보보호정책과), 02-2100-3043

제1장 총칙
제1조(목적) 이 법은 개인정보의 처리 및 보호에 관한 사항을 정함으로써 개인의 자유와 권리를 보호하고, 나아가 개인의 존엄과 가치를 구현함을 목적으로 한다. 〈개정 2014. 3. 24.〉

🔺 개인정보보호법상 개인정보의 정의

개인정보보호법은 개인정보를 정의하고 있으며, 개인정보를 보호해야 한다고 명시하였다. 이에 따라 개인정보 처리자가 개인정보를 어떻게 보호해야 하는지 아주 자세하게 기술하였다. 최근 개정된 내용에는 개인정보를 익명 또는 가명으로 처리하더라도 개인정보 수집 목적을 달성할 수 있는 경우, 익명 처리가 가능한 경우에는 익명으로 그리고 익명 처리로 목적을 달성 없는 경우에는

가명으로 처리할 것을 명시하였다. 또한, 국가와 지방자치단체는 개인정보 보호에 관한 시책을 마련하고 촉진하도록 지원해야 하며, 개인정보 처리에 관한 법령을 제정하거나 개정할 때는 개인정보보호법의 목적에 부합하도록 할 것을 명시하고 있다.

모든 사람은 자신의 개인정보를 보호받을 권리가 있다. 이는 헌법으로 보장된 권리이며, 자신의 사생활을 지킬 권리이고 사생활에 대해 외부 간섭을 받지 않을 권리라고 할 수 있다. 여기에는 예외가 있을 수 없으며 인공지능의 인식에도 적용되는 것이라고 할 수 있다.

2 인공지능과 개인 프라이버시

개인 프라이버시 차원에서 음성을 인식하는 인공지능 스피커는 프라이버시 로깅으로 문제를 일으킬 수 있다. 프라이버시 로깅이란 인공지능 스피커가 이용자의 음성 명령에 즉각 반응하기 위해서 개인정보를 디바이스에 기록 및 저장하는 것인데, 이로 인해 프라이버시 관련 문제가 발생할 수 있다.

△ 프라이버시 로깅 문제가 우려되는 인공지능 스피커

인공지능 스피커에 개인정보가 포함된 이야기를 했을 때 해당 정보는 잠시나마 디바이스에 저장되는데, 제도적 차원에서 개인정보의 수집과 기록을 막을 방법이 현재로서는 제조사의 약관에 의한 것뿐이다. 따라서 수집된 정보의 접근 권한 허용 범위를 약관에 명확하게 규정할 필요가 있으며, 상충관계를 해결하기 위한 제도 정비 및 사회적 합의도 필요하다. 즉, 개인정보 보호에 관하여 구체적으로 법제화하는 것이 가장 좋은 방법일 것이다.

오늘날 개인에 의해 직접 수집된 정보보다는 인공지능 관련 장치에 의해 수집되는 정보가 점차 증가하는 추세이다. 따라서 프라이버시 로깅 문제는 인공지능 기기를 사용할 때 반드시 짚고 넘어가야 할 문제라고 할 수 있다. 이는 음성인식뿐 아니라 센서를 통해서 수집된 정보에도 적용된다. 대상을 인식하기 위해 설치한 센서를 통해 정보가 끊임없이 수집되기 때문에, 프라이버시 로깅 역시 끊기지 않고 지속적으로 일어나는 것이다. 이것뿐 아니라 센서에 의해서 관찰되고 수집되는 정보에서 파생되어 새롭게 생성되는 데이터들이 생길 수 있다는 것도 고려해야 한다.

그렇다면 다른 나라에서는 개인정보를 보호하기 위해 어떤 정책과 규제를 시행할까? 이를 통해 우리가 고민하는 부분에 관한 아이디어를 얻을 수도 있을 것이다.

미국은 철저한 시장 자율 방식에 따라 모든 규제를 시행한다. 그럼에도 불구하고 미국은 세계 최초로 프라이버시법을 제정하였다. 비록 공공 부문과 민간 부분을 포괄하는 종합적인 법률은 없지만, 프라이버시법을 통해서 그 기반을 마련하고 있다. 미국은 주별로 프라이버시 보호에 관한 법률이 있으며, 각주의 실정에 맞게 개인정보 보호에 관한 법률을 제정하고 있다. 2008년 일리노이주에서 얼굴 인식 기술의 문제점을 개선하고자 생체 정보 개인정보보호법을 제정한 이래, 2021년 뉴욕주에서 얼굴 인식과 관련한 개인정보보호법을 마련하는 등 각주마다 얼굴 인식 기술 이용 규제에 관한 법률을 제정하고, 대중매체를 통해 이를 홍보하였다.

미국이 개인정보 관련법을 제정한 것은 얼굴 인식 기술의 사용과 생체 데이터 공유 과정에서 정보 주체에게 투명한 정보를 제공하고 또 통제권을 강화하기 위한 것이다. 이에 따라 상용 목적으로 얼굴 인식 기술을 이용할 경우에는 정보 주체자, 즉 본인이 동의하지 않으면 개인을 식별하거나 추적하기 위한 데이터를 수집, 공유, 판매할 수 없도록 하였다. 또한, 얼굴 인식 데이터가 수집. 이용될 때마다 정보 주체에게 해당 내용을 통보하도록 의무화하였다. 즉, 내 얼굴이 다른 곳에 사용된다면 계속해서 알려주는 것이다.

또한, 얼굴 인식 기술을 개발할 경우에는 여러 유형의 사람을 테스트하여 편향성을 극복하라는 상업적 규제도 마련하였다. 시민단체들도 얼굴 인식 기술 사용을 자제하거나 중지할 것을 촉구하는 다양한 노력을 하였다. 그 결과, 경찰은 얼굴 인식 소프트웨어의 사용을 중지하였다. 얼굴 인식 소프트웨어가 흑인을 범죄자로 인식하는 확률이 매우 높고, 그에 따라 흑인에 대한 형이 계속 가중되는 일이 벌어지자, 경찰이 얼굴 인식 기술의 사용 중지 결정을 내린 것이다. 이 결정은 현재도 유지되고 있다.

뿐만 아니라 공항 등에서 사용하는 얼굴 인식 기술도 논란이 계속되면서 기술 영향 평가가 실시되고 있다. 기기가 얼굴을 인식한 뒤에도 얼굴 정보는 기기에 저장되어 얼마 동안 남아 있기 때문에, 정보가 유출될 위험이 있다. 그래서 이런 문제가 발생하지 않도록 해당 정보를 바로바로 삭제하도록 하고, 기술 영향 평가를 계속 시행하고 있다.

중국의 경우 주민 감시 문제는 전 세계적으로 주목받는 윤리적 이슈가 되었다. 현재 중국 당국은 세계 최대 감시 네트워크 스카이넷 프로젝트를 추진하고 있다. 중국 전역에는 4억 대 이상의 감시 카메라가 실시간으로 작동한다. 중국 공안은 업무 효율화를 공개적으로 표방하면서 이러한

2 다양성 존중과 포용성

능력, 나이, 민족성, 성별, 인종, 성적 지향, 종교 등을 포함하여 개인의 독특함을 나타내는 차이를 다양성이라고 한다. 인공지능은 이러한 차이, 즉 다양성을 존중해야 할 뿐 아니라 이러한 차이를 활용하면서 누구도 배제하지 않는 공동체를 만들어 가는 포용성이 있어야 한다. 인공지능은 역사상 가장 영향력 있는 기술이자 도구이기 때문이다. 인공지능의 영향으로 사회는 변하고 정책은 바뀔 것이기 때문에 다양성을 존중하지 않고 포용성을 가지지 않는다면 상상하기 힘든 끔찍한 상황이 나타날 것이다. 다양성을 존중하는 포용적 인공지능은 알고리즘을 투명하게 개발할 능력과 데이터를 컨트롤할 힘이 전반적으로 분산되어 균형을 이룬다는 개념을 바탕으로 한다.

아마존이 고객을 대상으로 사용하려고 IBM에 의뢰해서 개발한 얼굴 인식 프로그램은 무의식적인 편견까지도 고스란히 학습해 버리는 인공지능의 위험성을 드러냈다. 이것은 데이터 편향성과 함께 이슈가 되었고, IBM은 포용적 인공지능으로 연구 방향을 수정·보완하였다. 과거에는 얼굴색이 어두운 경우에 인식률이 60% 정도밖에 되지 않았으며, 얼굴색이 밝은 백인의 경우는 99.7% 정도의 인식률을 보였다. 그러나 최근 IBM은 흑인에 대한 인식률을 96.5%까지 수정·개선했다고 발표하였다.

또한 언어에 대한 포용성도 중요하다. 휴대폰 음성비서 SiRi에게 무슨 말을 하면 "제가 잘 이해한 건지 모르겠네요."라는 응답을 종종 듣게 된다. 어쩌면 시리는 "나 보고 각국의 언어를 다 알아들으라는 거야?"라고 외치고 있는 것인지 모른다. 우리나라에서도 지역 사투리 때문에 의사소통이 어려울 때가 있다. 저자가 신임일 때의 일이다. 부장님이 문서를 보면서 여기에 "꽃표를 하세요."라고 지시하였다. 나는 갸우뚱하며 꽃을 그려 갔더니 부장님은 크게 웃으며 "곱표, X."라고 하셨다. 이것은 대구 사투리를 알아듣지 못해서 벌어진 해프닝이다. 심지어 곱표가 곱하기 표시라는 사실도 20년이 지나서야 대구가 고향인 우리 학교 학생을 통해 알게 되었다. 만약 인공지능이 이렇게 의사소통이 되지 않는다면? 특정 지역의 사투리만을 알아듣지 못한다면? 말도 안 되는 일이다. 그런 일은 벌어지면 안 될 것이다.

◎ 인공지능 언어 학습에 필요한 지역별 사투리 능력자 모집: 다양한 분야에서 도메인 지식을 확보하려는 노력이 이어진다.

이러한 문제를 해결하기 위해 과학기술정보통신부와 한국정보화진흥원은 주최·주관하는 '인공지능(AI) 학습용 데이터 구축 사업'의 일환으로 지역별 사투리, 방언 데이터를 대규모 수집한 사례가 있다. 이것은 도메인 지식을 확보하려는 노력인 동시에, 다양성을 존중하는 포용적 인공지능으로 나아가는 발걸음이라고 할 수 있다.

다양성을 존중하고 포용성을 극대화하려는 노력은 사회적 약자를 위한 인공지능 서비스의 등장으로 이어졌다. 애플에서 제공하는 서비스를 살펴보자. 수화 통역 서비스는 상대방과 영상으로 수화를 하면 이를 인식하여 통역해 준다. 보조 터치 기능은 거동이 불편한 환자들이 화면이나 기기를 만지지 않고도 두 손가락 오므리기, 주먹 쥐기, 손 흔들기 등과 같은 행동으로 화면을 제어할 수 있게 하였다. 화면에 있는 텍스트를 그대로 읽어 주는 보이스오버 기능은 글 읽는 것은 어렵지만 소리로는 이해할 수 있는 사람에게 큰 선물이 되었다. 이러한 기능들은 사회적 약자뿐 아니라 일반인이 사용하기에도 매우 편리하다.

결과적으로, 포용성의 기본은 역지사지라고 할 수 있다. 남이 아닌 내가 인공지능 기술에서 배제되거나 소외된다고 생각하면 어떤가? 포용성은 남이 아닌 내가 소외되는 사람이 될 수 있다고 생각하면서 그 처지나 형편을 공감하는 것에서부터 시작된다. 인공지능이 역지사지가 안 되는 것은 도메인 지식의 결여와도 연관된다고 할 수 있다. 이를테면 언어에는 방언이 있고 피부색도 흑인, 황인, 백인이 서로 다른 것처럼, 여러 가지의 도메인 지식이 포괄적으로 포용성을 가지고 다루어져야 한다. 상대편의 처지나 형편에서 생각하고 이해하려 한다면 모든 내용을 다룰 수밖에 없지 않을까? 그리고 다루어야 하지 않을까?

인공지능은 포용성이 있는 도메인 지식을 습득해야 한다. 또한, 포용성 있는 지식, 데이터를 포괄적으로 학습할 수 있는 설계 프로세스나 알고리즘이 선행되어야 할 것이다. 포용적 데이터를 많이 수집한다고 해도 그 데이터 전반을 제대로 학습할 수 있는 프로세스나 알고리즘이 없다면 무용지물이 되기 때문이다. 즉, 기술은 인간의 편견을 해결하는 직접적 수단으로서 다양성과 포용성을 추구할 수 있다. 그러나 이 과정은 매우 복잡하고 광범위하기 때문에, 포용성을 가지도록 설계한다고 해도 다양한 이슈와 문제가 발생할 수 있다. 따라서 이에 대한 지속적인 연구가 필요하다.

우리는 생활 곳곳에서 포용성 있는 도메인 지식이 적용된 사례를 확인할 수 있다. 특히 유니버설 디자인은 다양성을 포용한 대표적인 사례라 할 수 있다. 이것은 디자인으로 나이, 신체, 국적, 질병 등과 관계없이 다양한 사람이 사용할 수 있는 환경, 정보, 서비스를 구현한 것이라고 할 수 있다. 바로 이러한 것이 인공지능에도 구현되어야 할 것이다.

유니버설 디자인은 인간은 모두 동등하다는 생각에서 출발하였다. 처음에는 장애인을 위한 디자인이었지만, 어느새 우리의 일상생활에 들어와 장애인뿐 아니라 비장애인까지 편리하게 사용한다. 즉, 포용성을 가진 인공지능이 만들어 낸 것이 결과적으로 우리 모두에게 편리함을 준 사례이다.

🔺 서울 지하철 5호선의 '높낮이 손잡이': 손잡이 높이가 서로 달라 키 큰 사람이나 키 작은 사람 모두 사용할 수 있다. 생활 곳곳에서 이처럼 포용성을 가진 기술을 찾을 수 있다.

눈 깜빡이는 것만으로 태블릿 PC나 스마트폰을 사용할 수 있다면 장애인뿐 아니라 비장애인에게도 편리한 것이 아닐까? 상상해 보자. 내가 키보드 작업과 앱 사용을 동시에 하고 있다고 하자. 키보드 작업을 하는 도중 앱의 다음 페이지 내용이 필요한 상황! 물론 키보드 작업을 멈추고 앱을 사용해도 좋지만, 내 시선에 따라 자동으로 다음 페이지로 넘어가는 버튼이 활성화되고 내 시선이 그 버튼을 바라보고 있으면 저절로 클릭 된다면 어떨까? 상상만으로도 '와, 편리하겠군!'하는 생각이 든다. 즉, 다양성을 추구하면서 포용성을 지닌 인공지능 기술을 개발하는 것은 누구 하나만을 위한 것이 아니라 모두를 위한 것이기 때문에, 우리 모두가 편리함을 누리게 되는 것이다. 그래서 결론적으로 인공지능 기술은 다양성의 관점을 바탕으로 포용성을 가져야 한다는 것이다.

🔺 독서 플랫폼에서 도입한 '시선 추적' 기능: 두 손을 쓰지 않고도 눈동자만으로 책장을 넘겨볼 수 있다.

조금 다른 관점을 적용해 보자. "인공지능은 포용적이어야 한다."라는 말은 맞는 것일까? 그렇다면 "인공지능 기술을 만드는 사람이 포용적이어야 한다."라는 말은 어떤가? 그렇다. 인공지능 기술은 결과적으로 포용적이어야 하는 것이므로, 이를 기획하고 개발하는 엔지니어가 포용적인 마인드를 가져야 하는 것이다. 다시 말해서, 인공지능 윤리는 사람에게 달린 것이라고 할 수 있다.

실리콘밸리 유색인종·여성 채용 붐, 이유는?

실리콘밸리 빅테크 기업들은 어떻게 포용성, 다양성을 추구하고 있을까? 구글은 지난 2021년 5월 열린 구글 개발자 대회 '구글 I/O'에서 '공정한 카메라(Equitable Camera)'라는 개념을 소개했다.

"사람들은 흔히 카메라가 객관적이라고 생각하지만, 현실은 그렇지 않다. 카메라 기술에는 많은 판단이 들어가 있으며, 역사적으로 그런 판단은 비(非)유색인종이 해 왔다."는 것이다.

1990년대까지만 해도 코닥 컬러필름은 백인 피부 톤과 비슷한 색에 더 잘 반응하는 화학 약품(감광 물질)이 사용됐다. 백인과 흑인을 한 앵글에 담으면 사진이 엉망으로 인화되기 일쑤였다. 현재 카메라 기술의 총집합인 최신 디지털카메라에도 비슷한 문제가 있다. 백인의 피부색을 기준으로 화이트밸런스 및 노출의 감도가 설정돼 있기 때문이다.

구글은 이 문제를 해결하기 위해 더 많은 이미지 데이터 세트를 활용해 AI(인공지능)를 학습, 화이트밸런스와 노출 감도를 자동으로 조절해 주는 방식을 개발했다. 흑인처럼 짙은 피부 톤을 가진 사람들도 더 아름다운 사진을 얻을 수 있도록 한 것이다. 구글은 하반기에 공개할 자체 개발 스마트폰인 '픽셀' 신형에 이 기능을 탑재할 예정이다. 백인의 피부색에 맞춰진 카메라 시스템을 구글이 신기술 개발로 극복해 낸 셈이다. 플로리안 코닉스버거 구글 프로덕트 마케팅 디렉터는 "이건 기술자들이 해결해야 하는 문제다. 사용자가 외모를 바꿀 것이 아니라 우리가 도구의 작동 방식을 바꿔야 한다."고 강조했다.

애플 역시 모든 사용자의 접근성, 만족도를 높이기 위한 노력을 하고 있다. 지난 6월 7일 열린 애플 개발자 대회(WWDC 2021)에서 소개한 애플워치 '어시스티브 터치(Assistive Touch)' 기능이 대표적이다. 이 기능은 장애인, 노인 등 거동이 불편한 사용자가 애플워치 화면을 터치하지 않고도 시계를 조작할 수 있게 해준다. 손바닥을 폈다가 움켜쥐는 동작, 엄지와 검지를 붙였다 떼는 동작, 손목을 터는 동작으로 간단한 기능을 시작하거나 종료할 수 있는 방식이다. 손목에 찬 시계를 여러 방향으로 기울여 화면 속 커서를 이동시킬 수도 있다.

지난 5월 20일 출시한 '사인 타임(SignTime)' 서비스 역시 장애인 접근성을 높이기 위한 서비스다. 청각장애인과 수화 통역사를 1대 1로 원격 연결, 애플스토어에서 제품을 사거나 수리할 수 있다. 현재 미국, 영국, 프랑스에서 활용 가능하며 서비스 가능 국가를 계속 확장해 나갈 예정이다.

애플은 올해 WWDC에서 휠체어를 탄 연사가 실외에서 새로운 기능을 설명하는 그림을 연출하기도 했다. 맥 프로스트 애플 맵 프로덕트 디자인 디렉터는 과거에도 WWDC 키노트에 출연했지만, 강당 내부가 아닌 실외는 처음이었다. 애플 캠퍼스(애플의 사옥)가 장애인의 이동권을 보장하는 구조로 설계돼 있다는 걸 분명히 보여주는 장면이었다.

앞서 언급한 흑인, 장애인 포용 사례가 잘 와닿지 않는다면 동양인이 배제되는 상황을 떠올려 보면 된다. 다양한 인종적 특성이 제대로 고려되지 못해 동양인에게 맞지 않는 제품이 개발되는 사례가 대표적이다. 예컨대 헬멧의 경우 동양인은 백인에 비해 머리 모양이 둥글고 좌우 폭이 넓기 때문에 서양인 기준으로 개발하면 동양인에게 맞지 않는다. 이런 시행착오를 거쳐 '스미스(Smith)' '루록(Ruroc)' 같은 헬멧 브랜드는 '동양인 사이즈(Asian Fit)'를 별도로 출시하고 있다.

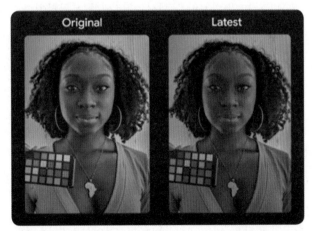

◑ 구글이 5월 개발자 회의(I/O)에서 발표한 '픽셀' 카메라 자동 보정 기능: 자동 보정 기능을 사용하면 얼굴을 인위적으로 밝게 만드는 현상이 사라진다. [Google I/O 유튜브 캡처]

이처럼 편향성은 많은 경우 직접 경험한 후에야 인지할 수 있다. 구글, 애플 같은 실리콘밸리 기업들이 다양한 경험과 배경을 가진 인재를 채용하려고 노력하는 이유가 여기에 있다. 최문정 카이스트 과학기술정책대학원 교수는 "사회의 여러 영역에서 기술은 대체로 효율성과 편리성을 증진하려는 목표로 도입된다."며 "더 많은 사람(더 큰 시장)을 위한 제품을 개발하는 대량생산, 대량소비 시스템에서는 주류와 다른 특성을 지닌 사람은 불편할 수밖에 없는 구조"라고 지적했다.

최 교수는 "기업이 기술 개발을 할 때도 소비력이 약한 소수는 소외되거나 고려되지 않는 일이 많다."라며 "이처럼 시스템에 기반한 불평등을 완화하려면 기술을 개발하고 사용하는 사람들의 가치관이 중요하다."고 말했다. 제품이나 서비스가 다양성, 포용성을 갖추길 바란다면 그 제품 및 서비스를 만드는 팀 자체를 다양성을 갖춘 사람들로 구성할 필요가 있다. 의도치 않은 '배제'는 다양성 부족에서 비롯된다는 게 실리콘밸리 빅테크 기업들의 공통된 인식이다.

애플은 "모두에게 자율권을 주고 모두를 기쁘게 하라."는 앱 개발의 대원칙을 제시하고 있다. 앱스토어에 앱을 올리는 앱 개발자들을 위해서는 휴먼 인터페이스 가이드라인(Human Interface Guidelines)이라는 지침을 세워뒀다. 모든 사람은 특별하고 중요하며 본연의 모습 그대로 존중받아야 하기 때문에 나이, 성 정체성, 인종과 민족, 생물학적 성, 언어와 문화, 종교, 정치적 관점, 사회경제적 맥락에 종속되거나 국한된 디자인을 해서는 안 된다는 원칙이다.

구글 역시 이번 구글 I/O에서 '스마트 캔버스'라는 새로운 협업 도구를 발표하면서 '포용적 언어' 기능을 추가했다. 스마트 캔버스는 구글 문서 도구, 스프레드시트, 프레젠테이션, 구글 미트 등의 기능이 연동된 종합 업무 협업 툴인데, 문서에 특정 성 정체성을 지칭하는 단어가 포함됐을 경우 이를 수정할 수 있게 다른 단어를 제안하는 방식으로 설계됐다. 예컨대 의장을 뜻하는 '체어맨(Chairman)'이란 단어를 쓰면 스마트 캔버스가 이 단어를 자동으로 인식해 '체어퍼슨(Chairperson)' 혹은 '체어(Chair)'를 제시한다.

포용성은 AI(인공지능) 기술·산업에서도 중요한 이슈로 떠오르고 있다. AI 기술은 이미지 인식, 음성 인식, 문자 인식, 클라우드, 로봇, 자율주행차에 이르기까지 거의 모든 미래 산업 분야에 적용되기 때문이다. 특히 AI 학습에 투입하는 데이터 자체가 왜곡돼 있을 경우 AI가 편향, 차별을 드러내는 문제가 발생한다.

다른 한계도 존재한다. 구글, 애플, 마이크로소프트 등 실리콘밸리 빅테크 기업들은 매년 연례 다양성·포용성 보고서를 작성해 발표하는데, 여전히 여성, 흑인의 비중이 절대적으로 적다는 지적이 나온다. AI 등 첨단기술 분야 전문직 분포도 마찬가지다. 페이스북의 AI 연구 직원 중 여성은 15%, 구글은 10%에 불과하며 구글 인력의 2.5%, 페이스북과 마이크로소프트 직원의 4%만 흑인인 것으로 집계됐다.

이런 한계에도 불구하고 실리콘밸리 기술 기업들은 AI의 편향성 문제를 인식하고 있다. 마이크로소프트는 AI 편향성을 줄이기 위해 'AI 공정성 체크리스트(AI Fairness Checklist)' '페어런(Fairlearn)'을 만들어 활용하고 있으며 IBM은 데이터 세트에서 편향성을 찾아내기 위한 도구 'AI 페어니스 360(fairness 360)'을 선보였다. 구글 역시 '왓이프 툴(What-If Tool)'을 개발, 머신러닝 시 공정성을 시험해 볼 수 있는 환경을 제공하고 있다.

오세욱 한국언론진흥재단 책임연구원은 "젠더, 인종 등 이미 명백한 편향은 어느 정도 수정할 수 있을 것으로 본다."며 "다만 기술이 학습하는 데이터는 언제나 과거의 데이터일 수밖에 없기 때문에 늘 현재의 관점에서 편향 문제가 없는지 꾸준히 감시할 필요가 있다."고 했다.

한국에서도 네이버가 최근 초대형 AI 모델 '하이퍼클로바'를 공개하는 등 관련 연구 및 기술 상용화가 활발하게 진행되고 있다. 그러나 기업 주도로 포용성, 편향 문제를 예방하고 대응하려는 움직임은 전혀 이뤄지지 않는 실정이다. 하대청 광주과학기술원 교수는 "왜 이루다를 만든 이들, 이루다에 투자한 이들이 '문제를 일으킬 줄 몰랐다'고 말하는지 생각해 볼 필요가 있다."며 "기술 문화를 바꾸는 노력이 필요하다."고 했다.

출처 신동아, 2021. 7. 30. (https://shindonga.donga.com/3/all/13/2813074/1)

KT는 AI 시니어 돌봄 서비스를 통해 NIA의 빅데이터를 활용하고 있다. 이 서비스는 고령층이나 기저 질환자의 고독사 예방과 정서적 안정 도모를 위해 개발되었다. 챗봇 서비스 개발 시 일반 음성에 비해 방언 인식률이 떨어지는 사례를 보면서 자체적으로 방언 데이터를 구축했다고 한다. 인식률 문제에 봉착한 AI 허브 한국어 방언 데이터를 모델에 추가 학습시키면서 인식률을 개선하고 문제를 해결했다.

❶ 평소에 사용하는 단어, 용어나 말을 3가지 이상 고르고, 이를 표현한 다른 지역 사투리를 적어 보자.

평소에 사용하는 단어, 용어나 문장 형식의 말	강원도	경상도	전라/제주도

❷ 휴대폰 음성비서를 호출하여 각각의 사투리를 잘 이해하는지 확인해 보자. 만약 다른 말을 하고 있다면 어떤 단어인지 적어 보자.

음성비서에게 한 말	내 휴대폰 음성비서가 다른 말을 한다면 적어 보자.

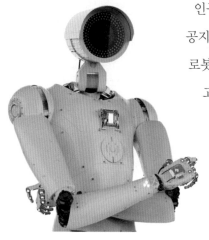

인공지능 기술이 급속하게 발전하면서 생활 속 다양한 분야에서 인공지능을 쉽게 만날 수 있는 시대가 되었다. 특히, 인공지능 기술이 로봇과 만나면서 지능형 로봇 등으로 일컬어지고 있다. 사람 말을 듣고 대답하며(언어 통·번역, 음성인식, 발화), 대상이 누구인지(얼굴 인식, 사람 인식), 어떤 물체인지 구별(물체인식)하고, 사람의 감정을 읽거나(감정인식), 적절한 정보를 검색해 줄 수 있다. 그렇다면 물리적 동작을 수행하는 인공지능 로봇의 기술 수준은 어디까지 발전했을까? 인공지능의 급격한 발전과 더불어 생산 현장에서 단순한 일을 반복하던 자동화 기계와 볼거리 차원으로 선보이던 엔터테인먼트 로봇이 최근 인공지능을 탑재하여 더 스마트한 로봇으로 진화하고 있다. 상상 속에서만 그리던 인공지능 로봇이 하나둘 우리 주변에 등장하고 있다.

인공지능 로봇 기술은 눈 역할을 하는 카메라가 필수적이다. 이 로봇을 세상에서 가장 윤리적인 로봇으로 만들기 위해 개인 프라이버시 보호나 다양성 존중, 포용성과 같은 이슈들을 해결해 보려고 한다. 해결책을 마련하기 전에 스스로 인공지능 로봇이 되어 주변의 정보를 탐색하고 인식해 보자. 그러면서 윤리적인 이슈도 고려해 보자.

❶ 내 주변을 둘러보면서 인식되는 것을 모두 나열해 보자.

예 길(도로)				

❷ 인공지능 로봇이 인식한 결과들은 윤리적으로 문제점은 없는지 생각해 보자. 만약 있다면 어떤 데이터이며 어떤 문제점이었는지 적어 보자(팀 활동을 통해 논의해 보는 것을 권장함.).

1번에 적은 데이터들 중에 문제가 된다고 생각되는 것은?	어떤 면에서 문제가 되는 것일까?

❸ 학우들과 이야기하면서 나는 문제가 된다고 생각했지만 문제가 아닐 수도 있는 부분이 있는지, 또는 나는 문제라고 생각하지 않았는데 문제가 된다는 것을 알게 된 것이 있다면 정리해 보자.

● 알고 보니 문제가 아니었다.

의외로 문제가 아닐 수도 있는 것은?	왜 문제가 되지 않는다고 동의했나?

● 이럴 수가! 알고 보니 문제였다.

전혀 생각하지 못했는데 문제일 수 있는 것은?	나는 왜 문제라고 생각하지 못했을까?

1 호감과 비호감의 사이

인공지능과 사람 간의 자연스러운 상호작용을 위해 더욱 인간처럼 보이는 인공지능이 등장하고 있다. 하지만, 인공지능이 인간의 모습을 닮아 갈수록 인간과 더 가까워지기보다 오히려 인간에게 부정적인 느낌을 줄 수도 있다. 이처럼 인간이 로봇이나 인간이 아닌 인공적인 존재에게 느끼는 감정과 관련된 가설의 하나가 언캐니 밸리(Uncanny Valley)다.

△ 영화 알리타 주인공 '알리타'

△ 신한은행 가상 캐릭터 '로지'

언캐니 밸리는 우리나라에서 '비호감의 계곡' 또는 '불쾌한 계곡' 등으로 사용된다. 1970년경 일본의 로봇공학자 모리 마사히로(Masahiro Mori)에 의해 처음 소개된 언캐니 밸리는 처음에는 로봇과 사람의 모습이 유사해질수록 인간이 로봇에게 느끼는 호감도가 증가하지만, 유사성이 어느 정도를 넘어서면 오히려 거부감을 주고, 인간과 거의 구별할 수 없을 정도로 같아지면 다시 호감도가 회복된다는 가설이다.

이러한 가설에서 출발한 언캐니 밸리 현상은 오늘날 영화나 게임 등에 적용되며 영화 속 소재가 되거나 혹은 가상 캐릭터를 만드는 과정에서 유용하게 적용되고 있다.

"산 오르기는 계속하여 증가하지 않는 함수의 예이다: 한 사람의 고도 y는 정상으로부터 거리가 줄어든다고 해서 항상 증가하는 것은 아니다. 그 사이에 언덕과 계곡이 개입되기 때문에. 나는 로봇이 어떤 계곡에 도달할 때까지 점점 더 인간과 닮을수록 친밀도가 증가한다는 것을 목격했다. 나는 이 관계를 '언캐니 밸리(Uncanny Valley)'라 부른다(Mori, 1970)."

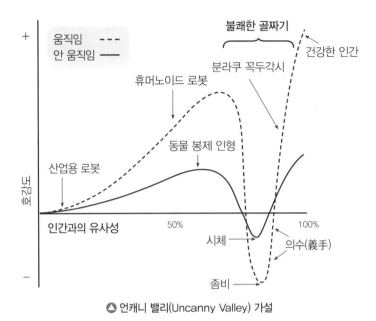

△ 언캐니 밸리(Uncanny Valley) 가설

출처 The Uncanny Valley: The Original Essay by Masahiro Mori – IEEE Spectrum

위 도표를 보면 산업용 로봇, 휴머노이드 로봇, 동물 봉제 인형 등은 인간과 유사성이 커질수록 호감도가 꾸준히 증가하는 곡선을 이룬다. 그러나 분라쿠[1] 꼭두각시 인형, 유령이나 시체, 좀비, 의수는 그 커브가 바닥까지 뚝 떨어지는 현상을 보인다. 이렇게 이루어진 좁고 긴 계곡에서는 실제 인간과 매우 유사하지만, 인간과 닮지 않은 특성들이 쉽게 노출되는 개체적 특성 때문에 오히려 불쾌감을 일으킨다. 또한, 움직이는 존재는 언캐니 밸리 경사를 더욱 가파르게 만든다.

이것은 외관이 인간에 가까운 로봇이 실제로는 인간과는 달리 과도하게 이상한 행동을 보이거나 설명하기 어려운 부자연스러움을 보이기 때문에, 인간과 로봇의 상호작용에 필요한 감정을 끌어내는 데 오히려 실패할 수 있다는 것을 보여준다. 모리는 언캐니 밸리가 생기는 이유를 인간의 자기 보호 본능에 매우 필수적인 부분으로, 본능적으로 위험을 감지하는 기제가 작동하는 것이라고 해석하기도 하였다(Mori, 2012).

모리는 2005년 자신이 주장한 언캐니 밸리의 수정 이론을 제시하였다. 언캐니 밸리의 곡선에서 인간 유사성에 대한 y축의 감성적 반응을 쾌/불쾌로 구분하고, x축에 인간형 로봇의 외양과 동작에 대한 호감도가 세 구간으로 존재한다는 것이다. ①번 구간은 인간을 닮되 인간과 확연히 구별되는 영역, ②번은 인간과 거의 구별이 불가능한 구간, 그리고 ③ 살아 있는 인간보다 더 호감을

---

1) 분라쿠[文樂] 꼭두각시 인형: 분라쿠는 17세기에 시작된 일본의 전통적인 뮤지컬 인형극이다. 인형의 크기는 다양하지만, 일반적으로 높이가 약 1m이고 정교한 의상을 입고 검은 가운으로 가려진 세 명의 인형극사가 조종한다.

주는 구간이다. 첫 번째 구간은 첫 봉우리까지 인간 유사성에 대한 호감도는 꾸준히 증가한다. 하지만, 두 번째 구간에 들어가게 되면, 가장 깊은 골짜기로 내려가게 되는데 이곳이 언캐니 밸리 구간이다. 그리고 세 번째 구간으로 넘어가면 불쾌한 감정이 다시 회복되어 꾸준히 증가하게 된다.

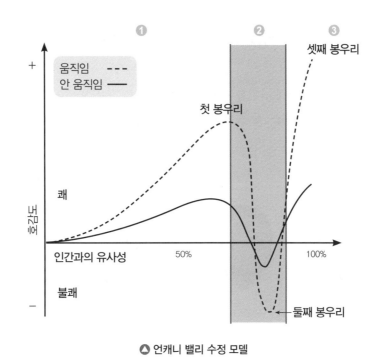

● 언캐니 밸리 수정 모델

출처 The Uncanny Valley: The Original Essay by Masahiro Mori – IEEE Spectrum

　모리가 가설을 제시한 이후, 언캐니 밸리 현상을 이해하거나, 가설을 검증하기 위한 다양한 연구가 진행되고 있다. 예를 들어 세야마(Seyama)와 나가야마(Nagayama)는 언캐니 밸리에 대한 경험이 단순히 인간과의 높은 유사성 때문에 발생하는 것이 아니라 해당 자극에 존재하는 부조화(부자연스러움) 때문이라고 설명한다. 구체적으로 인형 얼굴에서 인간 얼굴로 전체적인 변형을 가하는 과정에서 눈 크기만 다르게 조절하여 얼굴의 다른 주요 부위와 크기가 다르게 만들었을 때, 언캐니 밸리 현상이 발현하는 것을 확인하였다. 즉, 단순히 인간과의 유사성 증가 차원이 아니라 중간 과정에서 부조화 정보에 대한 인지가 언캐니 밸리의 발생에 있어 중요하다는 것이다. 맥도먼(MacDorman)과 차토패드히야(Chattopadhyay) 또한, 특정 인물에 대한 실사 이미지와 100% CG Model 각각을 원본으로 사용하되 일괄적으로 합성하지 않고, 눈, 코, 입 등의 얼굴 구성 요소의 일부를 변형했을 때 언캐니 밸리의 경험이 더 높게 나타나는 것을 확인하였다.

❶ 활동 안내

아바타를 사용해 언캐니 밸리를 체험해 보자. 자기 얼굴을 이용해 아바타를 직접 만들거나, 아래 캐릭터를 이용할 수 있다.

먼저 아바타를 만든 뒤(혹은 아래 사진을 이용해) 3번과 같은 표를 만들어 친구들에게 인간적인 정도와 친근감 정도를 점수로 받아 평균을 구한다. 다음으로 각 그림의 번호의 위치를 4번과 같은 사분면에 표시한다. 마지막으로 언캐니 밸리에서 제시한 내용과 일치하는지 혹은 그렇지 않은지 이야기를 나누어 보자.

● **팁! 자기 얼굴을 이용해 아바타를 만들고자 할 경우**

- 아바타는 직접 만들어도 되고, 위에 제시된 아바타를 사용해도 된다. 단, 아바타를 직접 만들 때는 스마트폰 또는 컴퓨터가 필요하다.
- 아래의 아바타 제작 앱을 사용해 다양한 아바타를 만들어 볼 수 있다. 아바타를 만든 후 스크린 캡처하여 컴퓨터로 전송하거나, 스마트폰에 있는 아바타를 친구들에게 직접 보여주면서 점수를 받을 수도 있다.
- 아바타는 되도록 4개 이상 만들어 친구들에게 평가받을 것을 권장한다.

● **추천 앱**

1. 제페토(Zepeto): 자기 얼굴을 직접 사진 찍어서 아바타를 만들 수 있다.
2. ToonME: 자기 얼굴로 만화 캐릭터에서 실제 인물에 가까운 아바타까지 다양하게 만들 수 있다.
3. FaceApp: 자기 얼굴로 표정, 피부, 나이 등을 조정할 수 있다.

   *위 세 가지 앱을 모두 이용해 다양한 아바타를 만들 것을 권장하며, 사진을 찍을 때는 표정을 되도록 비슷하게 유지해야 한다.
   * 앱은 무료로 활용할 수 있으나 일부 유료 필터들이 있으므로 확인 후 활용해야 한다.

• kakao i open builder OBT 권한 승인 메일이 확인되면 챗봇을 만들어 본다. ([서비스/도구]–[챗봇]–[봇만들기]–[카카오톡 챗봇]–[봇이름 입력]–[확인])

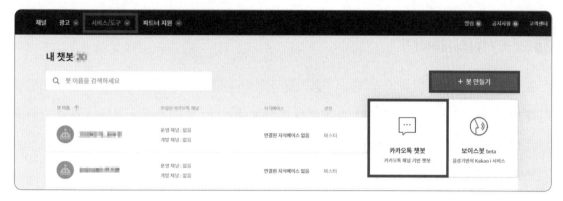

• 생성된 [토닥이 뮤직] 챗봇의 시나리오를 만들어 본다.

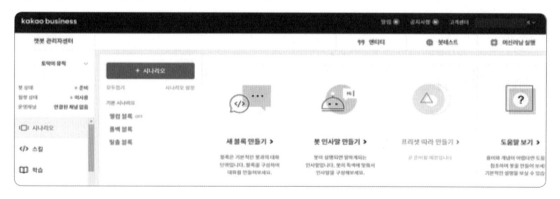

1 챗봇 서비스 기획하기

챗봇은 배송 조회나 반품 요청 같은 반복적인 질문에 응답하는 콜센터 상담원의 업무를 일부 대신하거나, 음식이나 제품을 주문할 때 제품을 추천해 주거나, 전공 소개나 기업 소개와 같이 해당 콘텐츠에 대한 다양한 정보를 제공하는 용도 등으로 사용된다.

챗봇을 개발하기 위해서는 사전에 다음과 같은 작업을 준비해야 한다.

❶ 대화 영역 설정

- 챗봇이 대답할 것(간단한 질문에 대한 답변)과 사람이 대답할 것(의도하지 않았거나 복잡한 질문에 대한 답변)을 구분한다.
- 챗봇이 대답할 것에 대해서는 대화 시나리오를 설계한다.
- 사람이 대답할 것에 대해서는 에러 메시지(알아듣지 못했어요. 다시 말씀해 주세요. 등)를 보내거나 사람에게 연결한다.

❷ 캐릭터 설정: 일관성 있는 대화를 설계하기 위해 챗봇의 목소리나 말하는 방식, 성격 등을 정하여 자연스러운 캐릭터를 설정한다.

❸ 전반적 대화 흐름 설정

- 대화 영역 내에서 전체적인 대화 흐름을 설정한다.
- 전체 흐름도(순서도)를 짜기 위해 종이, 엑셀, 순서도, 마인드맵, 챗봇빌더 등을 이용하여 사전에 설계한다.

2 서비스의 주제 및 개요

<제목> 내 감정이나 기분에 어울리는 음악을 추천해 주는 챗봇

학교에서 대면 시험이 끝나고 지하철을 탔다. 퇴근 시간이라 사람들은 버글버글하고 시끌벅적한데 집까지는 2시간이나 남았다. 가만히 멍때리고 있기보다는 어차피 버텨야 하는 이 시간을 기분 좋게 보

내기 위해 인공지능 챗봇을 실행한다. 먼저 이어폰을 귀에 꽂고 챗봇에게 나의 감정을 말해 보자. "힘들다.", "기운이 없어.", "얼른 집에 가고 싶어." 등 하소연하면 인공지능 챗봇은 응원의 메시지를 보내고 적절한 음악을 추천해 주어 힘이 나게 해준다.

어느 날 연인과 이별하였다. 감당하기 힘든 슬픔을 혼자 삼키기 힘들어서 인공지능 챗봇에게 도움을 받으려 한다. "슬프다.", "눈물이 난다.", "마음이 아프다." 등 감정을 말하면 그에 맞는 위로의 말과 음악을 추천하여 감정을 토닥여 준다.

가끔 헬스장에서 운동하는 것을 좋아한다. 에너지 넘치고 신나는 리듬의 노래와 함께한다면 더욱 기분 좋게 운동할 수 있을 것 같다. 인공지능 챗봇에게 "신나는 음악 추천해 줘.", "운동할 때 노래.", "가볍고 활기찬 음악 추천." 등 이야기를 하면 인공지능 챗봇은 알맞은 음악을 추천해 줄 것이다.

이처럼 슬플 때, 힘들 때, 누구에게 털어놓기 힘든 순간이나 기분 전환이 필요할 때, 인공지능 챗봇에게 얘기하고 추천해 주는 음악을 들으면서 힐링하고 안 좋은 감정을 툴툴 털어 버리고자 프로젝트를 제작한다.

3 이해관계자와 목적 분석

- 이해관계자: 사용자, 음원 판매자, 광고주, 가수
- 윤리 매트릭스를 통해 이해관계자별로 선호하는 알고리즘의 주요 목적을 표시하면 다음과 같이 예상할 수 있다.

	감정인식 정확도	음원의 다양성	인기 음원 추천도	대화의 다양성	광고 노출도
사용자	■	■	■	■	
음원 판매자		■	■		
광고주	■				■
유명 가수			■		
무명 가수		■			

- 이러한 분석 결과를 토대로 본 인공지능 챗봇의 알고리즘의 최종 목적을 감정인식의 정확도에 따라 인기가 높은 음원뿐 아니라 다양한 음원을 추천하도록 하는 데 둔다.

1 챗봇 기본 기능

① 기본 시나리오

기본 시나리오는 다음의 3개 블록을 항상 포함한다.

블록 이름	설명
웰컴 블록(Welcom)	봇이 사용자를 처음 만날 때 발송하는 환영 메시지
폴백 블록(Fall-back)	봇이 사용자의 의도를 이해하지 못할 때 응답하는 메시지
탈출 블록(Exit)	사용자가 대화를 초기화하거나 탈출하고 싶을 때 쓰는 사용자 명령어

② 커스텀 시나리오

커스텀 시나리오는 기본 시나리오 외에 사용자 시나리오를 추가하고 싶은 경우, 시나리오 버튼을 클릭하고 블록을 추가하여 진행이 가능하도록 하는 것이다. 블록을 수정, 학습하기 위해 머신 러닝 실행 버튼을 클릭하여 학습을 시켜야 한다. 학습은 최소 10분 정도의 시간이 필요하기 때문에 철저히 준비하여 빈번하게 수정하지 않도록 하는 것이 좋다.

③ 응답 형식의 종류

응답 형식의 종류는 텍스트, 이미지, 카드, 커머스, 리스트, 스킬 데이터가 있다.

유형	내용
텍스트	필요에 따라 말풍선 안에서 최대 3개의 버튼을 추가하여 기능을 추가할 수 있다.
이미지	내 컴퓨터에 저장된 이미지를 올리거나 이미 업로드된 이미지의 URL을 입력할 수 있다. 노출되는 섬네일 이미지를 사용자가 클릭했을 경우, 봇 작업자는 이미지 뷰어를 통해 올린 원본 이미지를 저장/확대/축소할 수 있다. 이미지형은 등록된 이미지들 중 하나만 전송되는 랜덤형으로만 사용할 수 있다.
카드	사용자에게 봇 작업자가 이미지/이미지와 텍스트/이미지, 텍스트, 버튼으로 조합하여 구성할 수 있는 말풍선이다. 각 말풍선 내에서 버튼은 최대한 3개까지 추가할 수 있다.

커머스	상품의 이미지와 가격 정보, 상품명과 같은 사항을 표기해야 할 때 사용하는 말풍선이다. 필요에 따라 버튼을 추가해 각 버튼에 기능을 설정할 수 있다. 최소한 한 개의 버튼을 필수로 설정해야 하고, 상품 이미지와 가격, 상품명 또한 필수로 입력해야 한다. 상품 가격은 정확한 정보가 중요하므로 가격 설정에서 할인이 적용될 경우 할인 금액/할인율 중 하나를 선택하여 할인 정보를 입력해야 한다. 할인 계산 과정에서 소수점 이하 가격은 반올림 처리된다.
리스트	목록 형태로 노출할 때 사용하는 말풍선이다. 상단부터 헤더와 목록, 버튼 순으로 구성되어 있다. 목록은 최소 2개에서 최대 5개까지 설정할 수 있고 각 목록의 대표 문구를 필수로 설정해야 한다. 버튼은 가로로 노출되며 최대 2개까지 설정할 수 있다.
스킬 데이터	각 말풍선의 응답은 스킬 데이터를 활용하여 구성할 수 있다.

❹ 말풍선별 출력 방식

응답 말풍선을 선택하면 랜덤형/케로셀형 중 하나를 선택하여 출력 방식을 설정할 수 있다. 랜덤형은 생성한 말풍선들 중 하나의 말풍선만 무작위로 전송된다. 커머스형 및 리스트형 타입은 랜덤형을 사용할 수 없다. 케로셀형은 생성한 모든 말풍선을 사용자에게 보여준다. 사용자는 화면을 좌우로 밀어 모든 말풍선을 확인할 수 있다. 이미지형 및 리스트형 타입은 케로셀형을 사용할 수 없다. 또한, 케로셀형은 최대 10개까지 생성할 수 있다.

❺ 바로 연결 버튼 설정

챗봇과 대화할 때 메시지 입력창 위의 버튼들이 연결 버튼이다. 이는 챗봇이 사용자의 발화에 응답하면서 다음 대화를 이어가기 위한 버튼이다. 이 연결 버튼은 각 블록에서 설정 가능하며, 연결 버튼을 통해 또 다른 블록과 연결하거나 메시지를 전송할 수도 있다.

2 시나리오 설계

사용자의 기분에 따라 음악을 추천해 주는 챗봇의 시나리오를 다음과 같이 간단한 도식으로 설계할 수 있다.

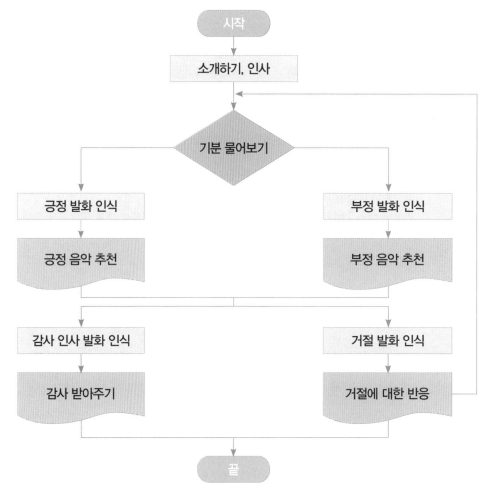

3 데이터 수집

구분	사용자 발화 인식을 위한 단어 및 봇의 반응
긍정 감정 단어	훈훈해, 통쾌해, 신나, 홀가분해, 존잼, 상쾌해, 재밌다, 즐거워, 조아, 좋아, 좋아요. 기뻐, 재밌어, 설레, 만족해 등
긍정 감정 시 추천 음악	• 그럼 N**의 '고*'는 어때? • 아**의 '**' 추천할게~ 이 하루 이 지금 우리 눈부셔 아름다워어~~ • D***의 '***'를 듣는 건 어때?? • J***의 '날씨***' 는 어떨까? 참 좋은 노래지. 추천 추천!! • J**의 '**'을 들어볼래? 외로운 날들이여 모두 다 안녕~~ • N***의 'E***'를 추천합니다~ • 오***의 'D***'은 어떨까? 완전 중독성 있지! • C***의 'M***'를 들어보는 건 어때? 오늘은 널 웃음 짓게 만들 거야~

부정 감정 단어	억울하다, 지긋지긋해, 막막해, 아쉬워, 속상해, 외로워, 눈물나, 우울해, 긴장된다, 서럽다, 슬퍼, 슬프다 등
부정 감정 시 추천 음악	• 아**의 '여***' 어떠니? 마음이 한결 나아질 거야~ • 죠*의 '바라***'를 들어볼래? 마음이 차분해진다고~ • 흠...그럴 땐 I***의 'nob*** e***'를 들어보는 건 어때? • 이럴 땐, R***의 'cour***' 추천합니다! • k***의 'F**'을 들어보는 건 어때? • 심**의 '담***'를 들어봐! 힘이 날거야! • e****의 '응**'를 추천해! • 윤**의 '나 ****'를 들어보자. 참 좋은 노래야~
감사 단어	고마워, 고맙습니다, 감사합니다, 땡큐, 좋네요, 좋아요, 감사 등
감사 표현에 대한 봇 응답	• 그래~ 노래 잘 듣구! • 노래가 네 맘에 쏙 들었으면 좋겠다~ • 이 정도는 뭐! 언제든지 부탁해!
거절 단어	ㄴㄴ, 그거 별론데, 다른 건?, 다른 거 추천해 줘, 시러, 싫은데, 아니야, 맘에 안 들어, 지루해, 다시 등
거절 표현에 대한 봇 응답	• 이게 지금이랑 딱 맞는데...싫다면 너의 기분을 다시 선택해 봐~ • 좋은 노랜데 아쉽다. 너의 기분을 다시 선택해 볼래?
봇을 부르는 이름들	야, 친구야, 어이, 너구리야, 헤이 등
부름에 대한 봇 응답	• 왜 불러? • 나를 찾았어? 나 여깄지. • 뭐야, 뭐야? • 응, 무슨 일이야?

4 챗봇 구현

① 기본 시나리오 만들기

웰컴 블록 다음과 같이 첫 인사나 소개를 위해 이미지 또는 테스트형으로 웰컴 블록을 생성할 수 있다. 응답을 추가하고 저장한다.

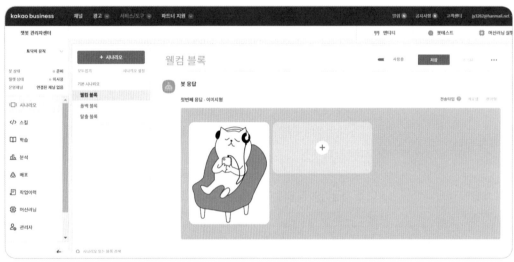

폴백 블록 알아듣지 못한 말에 대한 응답으로 다음과 같이 테스트형으로 폴백 블록을 생성할 수 있다.

❷ 시나리오 1: 긍정적인 감정

긍정 감정 사용자 발화 입력 시나리오를 추가하여 '긍정적인 감정'이라는 블록 이름으로 입력하고 [사용자 발화]에 긍정적인 기분을 나타내는 다양한 단어를 사용자 발화로 입력한다. (최소 20개 이상 입력하며, 권장은 100개이다.)

긍정 감정 봇 응답 입력 사용자 발화 아래에 있는 [봇 응답]에 긍정적인 기분을 나타내는 사용자 발화에 대한 봇의 적절한 응답을 랜덤하게 제시해 주도록 입력한다. 여기서는 긍정적인 기분에 맞는 분위기의 다양한 음악 제목을 추천한다. (전송 타입: 랜덤형)

❸ 시나리오 2: 부정적인 감정

부정 감정 사용자 발화 입력 시나리오를 하나 더 추가하여 '부정적인 감정'이라는 블록 이름으로 입력하고 [사용자 발화]에 부정적인 기분을 나타내는 다양한 단어를 사용자 발화로 입력한다.

부정 감정 봇 응답 입력 사용자 발화 아래에 있는 [봇 응답]에 부정적인 기분을 나타내는 사용자 발화에 대한 봇의 적절한 응답을 랜덤하게 제시해 주도록 입력한다. 여기서는 부정적인 기분에 맞는 분위기의 다양한 음악 제목을 추천한다. (전송 타입: 랜덤형)

❹ 시나리오 3: 감사인사

감사 표현 사용자 발화 입력 시나리오를 하나 더 추가하여 '감사인사'라는 블록 이름으로 입력하고 [사용자 발화]에 감사의 뜻의 사용자 발화를 인식하기 위한 비슷한 표현의 다양한 단어를 입력한다.

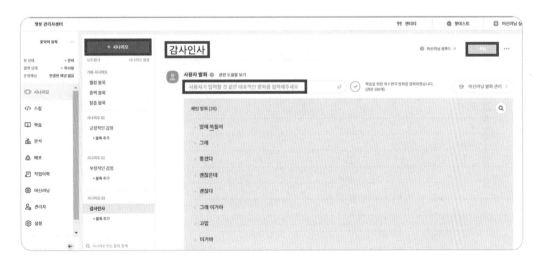

경고문뿐만 아니라 이루다 자체도 "그건 편견이라고 생각해."라고 답하거나 "난 어떤 인종이든 모든 사람을 존중해."라고 답해 혐오 표현에 대한 학습이 제대로 이뤄져 있음을 확인할 수 있었다. 우리나라에서 심각한 지역감정 문제 역시 "지역감정 그런 거 있으면 안 돼."라고 답했다.

이처럼 이루다 2.0이 혐오 발언에서 벗어나게 된 것은 스캐터랩이 도입한 어뷰징 탐지 모델, 대화 모델 학습의 고도화, 어뷰저 페널티 등의 3가지 시스템 덕분이다.

해당 시스템들을 통해 이루다 2.0에서 이뤄지는 모든 대화 문장은 어뷰징 탐지 모델을 먼저 거치게 되는 데 선정적이거나 공격적이라고 탐지된 문장에 대해서는 어뷰징 대응 답변이 보내지게 된다. 또한, 어뷰저 페널티를 도입해 지속적으로 어뷰징 발언이 이어질 경우 이용이 제한되도록 했다.

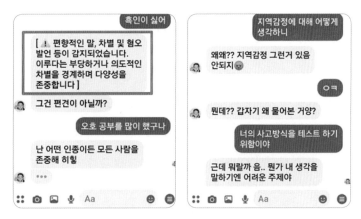

🔺 지역감정이나 인종차별 등 혐오 표현이 대부분 필터링된 이루다 2.0 버전

'개인정보 문제'도 개선 ··· 기존 모델 폐기 후 데이터베이스 새롭게 구축

스캐터랩 측에 따르면 이루다 1.0에서 혐오 표현과 함께 큰 논란을 일으킨 '개인정보 유출' 문제 역시 해결된 것으로 확인됐다.

이루다 1.0의 경우 이루다 개발 과정에서 카카오톡 대화에 포함된 이름, 휴대전화번호, 주소 등 개인정보를 삭제하거나 암호화하지 않고 약 60만 명에 달하는 이용자의 정보 94억여 건을 이용해 논란이 됐다. 이 때문에 스캐터랩은 2021년 4월 개인정보보호위원회로부터 5,500만 원의 과징금과 과태료 4,780만 원을 부과받은 바 있다.

이에 따라 스캐터랩 측은 기존 이루다 1.0의 데이터베이스와 AI 학습에 사용된 딥 러닝 대화 모델을 전량 폐기하고 이번 이루다 2.0을 새롭게 개발하였다. 이루다 2.0의 연구용 및 답변 데이터베이스를 개인정보보호법에 따라 새롭게 구축한 것이다.

▲ 개인정보 보호 조치와 어뷰징 대응이 강화된 이루다 2.0 버전

특히 눈길을 끄는 기술은 '루다 답변 데이터베이스'다. 이루다 2.0이 이용자와 대화에서 사용하는 문장이 담겨 있는 루다 답변 데이터베이스는 딥 러닝 기술을 활용해 '기계가 만들어 낸 생성 문장'과 스캐터랩에서 작성한 문장 등으로 구성됐다. 과거 이루다 1.0과 달리 실제 사람의 발화를 사용하지 않고, 기계가 새롭게 만들어 낸 문장으로 구성된 답변 데이터베이스에서 답변을 가져오는 구조다.

또한, 스캐터랩은 약 8,000여 명이 참여한 클로즈 베타 테스트를 통해 이루다 2.0이 이용자의 대화에서 안전하게 발화하는 비율과 프라이버시 침해로 보일 수 있는 위험 발화 건수 등 주요 항목을 면밀하게 살핀 것으로 알려졌다.

스캐터랩 김○○ 대표는 "이루다 2.0은 데이터베이스부터 새롭게 구축하는 것을 시작으로 인공지능 모델을 학습시켰다. 그뿐만 아니라 클로즈 베타 테스트를 통해 안전성을 반복적으로 점검하는 등 전 과정에서 문제해결에 매진해 왔다."라고 밝혔다.

이어 "이루다가 많은 사람에게 소중한 친구로 남을 수 있도록 지속적으로 기술 개선에 노력할 계획"이라며 "이를 위해 주기적으로 이루다의 어뷰징 대응 유효성을 확인하고 조치를 할 예정"이라고 전했다.

출처 시사위크, 2022. 3. 15. (http://www.sisaweek.com/news/articleView.html?idxno=151783)

CHAPTER 02

자율주행차의 눈이 되어 보자.

🔺 자율주행차가 인식하는 세상

인공지능 윤리와 관련하여 가장 많이 등장하는 것이 바로 자율주행차이다. 사람은 운전할 때 5가지 감각 중 미각을 제외한 4가지 감각을 사용한다고 알려져 있는데, 이 중 가장 중요한 것이 시각이다. 시각을 통해 상황을 먼저 인지한 후에 운전에 필요한 행동을 하기 때문이다.

자율주행차에서도 시각에 해당하는 센서가 가장 중요한 역할을 하며, 이에 따른 다양한 윤리적 문제가 나타나게 된다. 따라서 자율주행차가 보는 것, 그리고 본 것을 통해 의사결정을 하는 것이 때로는 여러 윤리적 문제를 일으킬 수도 있다.

본 장에서는 자율주행차의 눈이 되어 여러 가지 상황에서 의사결정을 해 봄으로써 자율주행차의 원리를 이해할 뿐 아니라, 윤리적 설계와 그 영향 분석을 함께함으로써 윤리적 인공지능 구현에 관해 생각해 보도록 한다.

학습 목표
- 자율주행차를 이해하고 알고리즘을 설계할 수 있다.
- 자율주행차에 관한 윤리적 이슈를 이해한다.

학습 요소 자율주행차, 인식, 인식에서의 인공지능 윤리

THINK 자율주행차와 관련된 크고 작은 사고가 일어나고 있다. 다음의 뉴스를 읽고 질문에 답해 보자.

캘리포니아주에서는 고속도로에서 자율주행차를 운전하던 운전자가 사망하는 사건이 벌어졌다. 오토파일럿 모드 오작동으로 발생한 사고였다. 운전자는 자신의 휴대전화로 게임을 하며 전방을 주시하지 않던 중 오토파일럿의 오작동으로 인해 콘크리트 바리케이드에 충돌하면서 사망했다.

출처 KQED, 2020. 2. 11. (https://www.kqed.org/news/11801138)

오전 역광이 내리쬐는 상황에서 오토파일럿 모드로 고속 주행하다가, 차선을 잘못 인식해 자율주행차가 중앙 분리대를 들이받는 사고가 발생했다. 중앙 분리대에 충돌한 직후 구조 차량이 찍은 영상에는 역광으로 시야 확보가 쉽지 않았으며, 사람의 눈처럼 주변을 인식하는 센서가 차선이나 장애물을 분간하기 쉽지 않다는 것을 알 수 있다.

출처 중앙일보, 2018. 4. 10. (https://www.joongang.co.kr/article/22521196)

QUESTION 이와 같은 자율주행차 관련 사고가 일어나지 않으려면 자율주행차를 설계할 때 무엇을 고려해야 할지 생각해 보자.

A 자동차 회사 연구원인 리윤 씨는 상품 전략 직무를 담당하는 엔지니어이다. 그는 미래 패러다임 변화까지 고려하여 신상품을 제안하는 등 회사의 모든 상품 라인업 전략의 중추적 역할을 하고 있다. 이번에 사내 관련 부문과 협력하여 신차 기획 프로젝트를 주도하게 되었는데, 이번 신차는 레벨 4의 완전 자율주행차이며 리윤 씨는 프로젝트 PM을 맡게 되었다.

리윤 씨는 프로젝트팀을 구성하였고 다음 주에 첫 회의를 진행하기로 하였다. 이번 회의에서는 자율주행차 알고리즘에 대하여 전반적으로 논의할 예정이다. 특히 자율주행차의 눈이 될 레이더 라이다 카메라가 감지하는 여러 가지 상황을 놓고 그에 따른 자율주행차의 움직임에 대하여 주로 논의할 것이다. PM인 리윤 씨는 논의의 대상이 될 만한 상황을 미리 추출하였으며, 자율주행차의 브레이크가 말을 듣지 않는 극한의 상황까지 가정해 보았다.

이것은 굉장히 난해한 상황을 가정한 것이지만 자율주행차는 윤리적 이슈가 강한 만큼, 리윤 씨는 기획 단계에서부터 극한 상황을 가정하는 것도 매우 중요한 일이라고 생각하였다. 리윤 씨는 이 상황이 적힌 안건을 문서로 만들어 팀원들에게 사내 메신저로 전송하였고, 각각의 사안에 대해 여러 각도로 자신의 생각을 정리한 후 회의에 올 수 있도록 안내하였다.

☑ 여러분은 리윤 씨의 팀원이 되어, 다음에 제시되는 각각의 상황에서 자율주행차가 어떻게 설계되어야 하는지 생각해 보자.

여기서 잠깐!

> ▶ **각각의 상황에서 현재 자율자동차의 상태는?**
> 신차는 브레이크가 고장이 난 상황이며 자율주행차가 할 수 있는 행동은 직진, 우회전, 좌회전뿐이다.

✓ 다음은 자율자동차에서 일어날 수 있는 사고 상황을 A, B, C, D 4가지로 나타낸 것이다. 각각의 상황에서 사고를 당할 가능성이 있는 사람들을 표로 정리해 보자.

상황 A

자동차가 직진할 경우, 노인 3명과 충돌한다.

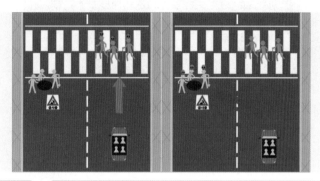

자동차가 방향을 틀 경우, 공사 현장에서 일하는 3명과 현장에 있는 도구와 충돌한다.

자율주행차에 탑승한 사람 (운전자 포함)	자율주행차의 브레이크 문제로 어떤 형태로든 사고를 당할 위험이 있는 대상	
	직진할 경우?	방향을 틀 경우?
운전자 1명 탑승자 3명		
총 (4)명	총 ( )명	총 ( )명

상황 B

자동차가 직진할 경우, 반려 동물 1마리와 반려 동물을 데리고 가는 여학생 1명과 충돌한다.

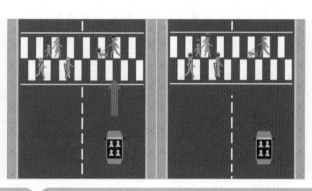

자동차가 방향을 틀 경우, 아이와 엄마, 손에 깁스를 한 남성, 목발을 짚고 가는 여성과 충돌한다.

자율주행차에 탑승한 사람 (운전자 포함)	자율주행차의 브레이크 문제로 어떤 형태로든 사고를 당할 위험이 있는 대상	
	직진할 경우?	방향을 틀 경우?
운전자 1명 탑승자 3명		
총 ( )명	총 ( )명	총 ( )명

3 상황 C

✅ 상황 A에서 언급된 이해관계자
　에서 추가하거나 삭제해야 하
　는 이해관계자를 생각해 보고,
　이를 반영하여 윤리 매트릭스
　를 작성하고 윤리 매트릭스를
　통해 해결책을 탐색해 보자.

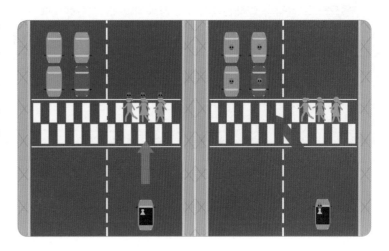

✅ 체크 표시✅를 하거나 칸을 색칠하여 이해관계자들의 이해 관심을 확인해 보자.

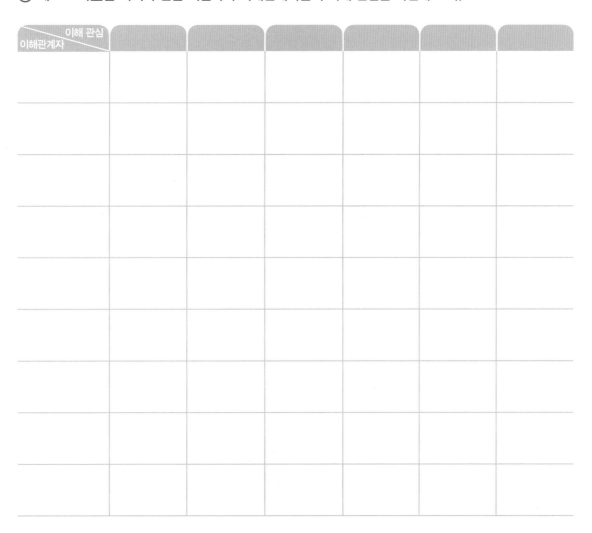

✅ 윤리 매트릭스를 통해 이해관계자들의 공통적인 관심을 찾아보자. 모두가 공통적인 관심이 있을 수는 없으므로 각각의 이해관계자별로 공통적인 관심을 정리해 보는 것이 중요하다. 즉, 이해관계자들의 상호 짜임새를 분석하는 것이다. 관계도를 그리거나 표로 정리할 수 있다.

✅ 자율주행차의 선택을 정리해 보았다면, 이번에는 선택과 관련한 이해 관심을 이해관계자에 따라 정리해 보자. 선택에 따라 이해 관심이 어떻게 달라지는지 확인하고 이해 관심을 동시에 충족시킬 방안을 선택할 수 있을 것이다. 만약 어떤 선택을 하더라도 이해 관심이 모두 충족된다면 이해 관심의 정도를 생각하여 정도를 ☆의 개수로 정리해 보는 것도 방법이다.

선택(안) \ 이해 관심	금전적 이익	금전적 손해				
직진						
직진하다가 우회전						
직진하다가 좌회전						
바로 우회전 (핸들을 꺾음)						
바로 좌회전 (핸들을 꺾음)						

🔺 보험 회사의 경우

※ 그 밖의 이해관계자에 따른 표도 각각 정리해 보자.

☑ 지금까지 정리한 것을 바탕으로 자율주행차를 포함하여 다수의 이해관계자의 이해 관심이 되는 상위 2~3개를 확인하고 적어 보자. 최적의 방안을 결정하는 데 우선순위가 되는 것을 정리할 수 있을 것이다.

☑ 이제 여러분이 최적의 방안을 결정할 때가 왔다. 어떤 것을 선정하더라도 모두 슬픈 결과지만 자율주행차 회사를 포함한 다수의 이해관계자의 바람직한 이해 관심이 몰리는 것으로 최적의 방안을 결정해 보자. 이때 본인들이 자율주행차 회사 측의 이해관계자임을 간과해서는 안 된다.

☑ 최적의 방안이 결정되었다면 상황 A에서 자율주행차가 여러분이 결정한 움직임을 할 때까지의 알고리즘을 작성해 보자. (이때 문제 분해 – 패턴 인식 – 추상화의 과정을 거치면서 컴퓨팅 사고를 해 보자.)

4 상황 D

✅ 상황 A에서 언급된 이해관계자에서 추가하거나 삭제해야 하는 이해관계자를 생각해 보고, 이를 반영하여 윤리 매트릭스를 작성하고 윤리 매트릭스를 통해 해결책을 탐색해 보자.

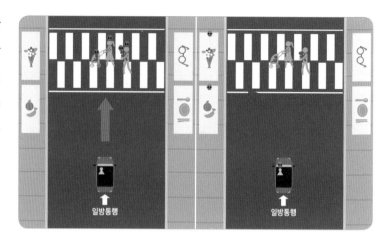

✅ 체크 표시☑를 하거나 칸을 색칠하여 이해관계자들의 이해 관심을 확인해 보자.

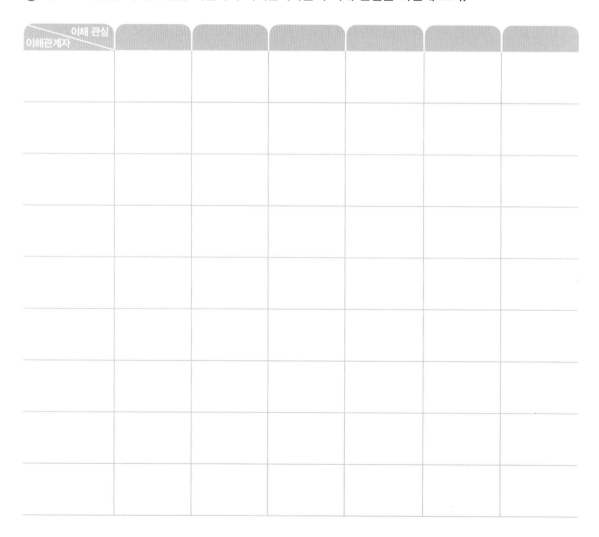

☑ 윤리 매트릭스를 통해 이해관계자들의 공통적인 관심을 찾아보자. 모두가 공통적인 관심이 있을 수는 없으므로 각각의 이해관계자별로 공통적인 관심을 정리해 보는 것이 중요하다. 즉, 이해관계자들의 상호 짜임새를 분석하는 것이다. 관계도를 그리거나 표로 정리할 수 있다.

☑ 자율주행차의 선택을 정리해 보았다면, 이번에는 선택과 관련한 이해 관심을 이해관계자에 따라 정리해 보자. 선택에 따라 이해 관심이 어떻게 달라지는지 확인하고 이해 관심을 동시에 충족시킬 방안을 선택할 수 있을 것이다. 만약 어떤 선택을 하더라도 이해 관심이 모두 충족된다면 이해 관심의 정도를 생각하여 정도를 ☆의 개수로 정리해 보는 것도 방법이다.

이해 관심 선택(안)	금전적 이익	금전적 손해				
직진						
직진하다가 우회전						
직진하다가 좌회전						
바로 우회전 (핸들을 꺾음)						
바로 좌회전 (핸들을 꺾음)						

🔺 자동차 수리업체의 경우

※ 그 밖의 이해관계자에 따른 표도 각각 정리해 보자.

✅ 지금까지 정리한 것을 바탕으로 자율주행차를 포함하여 다수의 이해관계자의 이해 관심이 되는 상위 2~3개를 확인하고 적어 보자. 최적의 방안을 결정하는 데 우선순위가 되는 것을 정리할 수 있을 것이다.

✅ 이제 여러분이 최적의 방안을 결정할 때가 왔다. 어떤 것을 선정하더라도 모두 슬픈 결과지만 자율주행차 회사를 포함한 다수의 이해관계자의 바람직한 이해 관심이 몰리는 것으로 최적의 방안을 결정해 보자. 이때 본인들이 자율주행차 회사 측의 이해관계자임을 간과해서는 안 된다.

✅ 최적의 방안이 결정되었다면 상황 A에서 자율주행차가 여러분이 결정한 움직임을 할 때까지의 알고리즘을 작성해 보자. (이때 문제 분해 – 패턴 인식 – 추상화의 과정을 거치면서 컴퓨팅 사고를 해 보자.)

　　자율주행차를 직접 제작해 볼 수는 없기 때문에 프로토타입으로 구글 티처블 머신을 활용하여 상황을 재연하고 이에 따라 출력 장치가 움직이는 것을 구현해 보자. 특히, 실현하기에서 주목할 부분은 자율주행차의 눈이 되어 보는 것이므로 자율주행차가 인식하는 것과 관련한 문제에 더욱 집중해 보자.

1　자율주행차에서 전방을 인식하는 상황을 재연해 보자.

❶ 구글 티처블 머신 사이트에 접속한다.(https://teachablemachine.withgoogle.com/)

❷ 프로젝트를 시작한다. [시작하기] 를 클릭하여 티처블 머신을 시작한다(로그인 없이 가능하다.).

❸ 이미지 프로젝트를 클릭하여 자율주행차의 전방 인식을 체험해 본다.

❹ 표준 이미지 모델을 선택한다.

잠깐! 실제로 마이크로 컨트롤러가 탑재된 자율주행차를 구현해 보기 위해서는 삽입된 이미지 모델을 선택해야 하지만, 이 부분에 대해서는 별도의 학습이 필요하기 때문에 여기서는 표준 이미지 모델로 체험해 보기로 한다.

❺ Class를 분류하고자 하는 명칭으로 변경한다. 여기서는 상황별로 자율주행차의 전방에 있는 대상으로 명명한다.

예 상황 A에서 Class1은 노인에 해당하는 old, Class2는 공사 관계자에 해당하는 construction

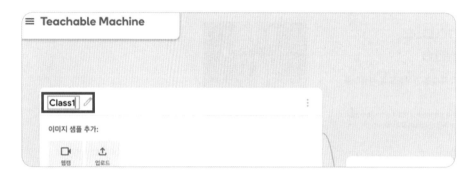

❻ 노인 3명과 공사 관계자 3명을 각각 인식할 수 있도록 학습시킨다.

자율주행차가 전방에 있는 대상을 보더라도 그 대상이 무엇인지 인식하려면 인공지능을 학습시켜야 한다. 지금부터는 인공지능(티처블 머신)을 학습시키기 위해 이미지 샘플을 추가할 것이다. 2가지 방법이 있으며 📷은 웹캠을 통해 바로 인식하는 것이며 ⬆는 관련 이미지 파일을 업로드하는 것이다. 원하는 대로 선택하면 된다.

여기서는 📷을 사용해 볼 것이다. 개별 프로젝트로 진행하는 것이라면 내가 노인도 되어 보고 공사 관계자도 되어 보도록 설정을 해 보자. 혼자 진행해야 하므로 노인 이미지는 나의 옆모습, 공사장 관계자는 나의 앞모습을 등록하여 학습시켜 보자. 팀별 프로젝트라면 팀원끼리 역할을 분담하면 좋을 것이다.

상황 A에 맞춰 노인 3명과 공사 관계자 3명을 인식하기 위해 앞에서 언급한 대로 노인(나의 옆
모습)과 공사 관계자(나의 앞모습)의 트레이닝 데이터셋을 등록하고 학습 단계에서 모델 학습시키
기를 클릭하여 모델 학습을 완료한다.

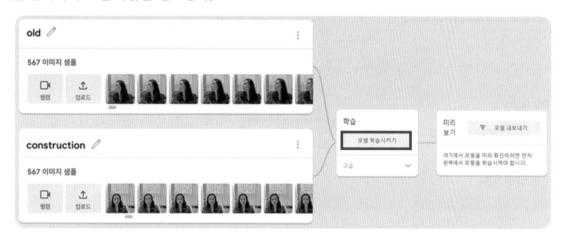

❼ 모델 학습이 완료되면 미리보기를 통해 제대로 학습되었는지 확인하기 위해 노인(찍을 때와 같은
옆모습)과 공사 관계자(찍을 때와 같은 앞모습)의 테스트 데이터셋으로 테스트해 볼 수 있다.

△ 노인을 인식하고 있는 상태

△ 공사 관계자를 인식하고 있는 상태

상단에 [⬆️ 모델 내보내기]를 클릭하면 팝업창이 하나 열린다.

8 **1** `Tensorflow.js ⓘ` **탭에서 2** ◉ 업로드(공유 가능한 링크)**를 클릭한 후 3** ☁ 모델 업로드 **를 클릭한다.**

아래와 같이 클라우드에 모델이   업로드 중...   이라고 알려준다.

모델 내보내기:

◉ 업로드(공유 가능한 링크)   ◯ 다운로드   업로드 중...

공유 가능한 링크:

https://teachablemachine.withgoogle.com/models/[...]

모델을 업로드하면 Teachable Machine에서 이 링크에 모델을 무료로 호스팅합니다. (FAQ: 내 모델을 사용할 수 있는 사용자는 누구인가요?)

모델 업로드 중...

9 **모델 업로드가 완료되면 아래와 같이 공유 가능한 링크를 4** 복사 ▢ **한다.**

❿ 다음과 같이 인식이 되지 않는 경우 재구성 트레이닝 데이터셋을 구성하여 재학습시킨다.

만약 노인으로 학습시킨 데이터(나의 옆모습)를 인식하지 못한다면 어떤 각도인지 확인하고 기존에 학습시켰던 샘플에 인식되지 못한 종류의 노인 데이터(인식하지 못한 각도의 옆모습 샘플)을 추가하여 재구성 트레이닝 데이터셋을 다시 만든다. 공사 관계자도 마찬가지로 인식하지 못한 데이터(나의 앞모습)가 있다면 어떤 데이터인지 확인하여 공사 관계자 데이터(인식하지 못한 각도의 옆모습 샘플)를 추가하여 재구성 데이터셋을 만든다. 또는 노인과 공사 관계자를 모두 인식하고 있다면 인식하지 못한 데이터가 노인인지 공사 관계자인지 확인한 후 애매했던 데이터를 재구성 데이터셋으로 만든다. 또는 노인과 공사 관계자를 모두 인식하고 있다면 인식하지 못한 데이터가 노인인지 공사 관계자인지 확인한 후 애매했던 데이터를 재구성 데이터셋으로 만든다.

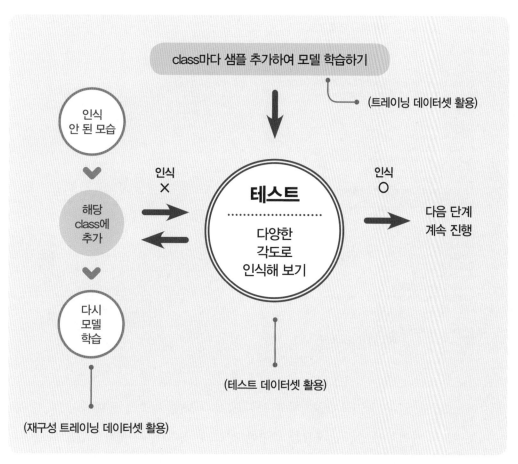

🔺 트레이닝 데이터셋, 테스트 데이터셋, 재구성 트레이닝 데이터셋의 관계

2 자율주행차가 전방을 인식한 후, 알고리즘에 따라 핸들을 돌리는 것을 구현해 보자. 이를 위해 아두이노와 출력 장치로 서보모터를 사용하였다.

3가지 프로그램이 필요하다.

❶ 학습한 것을 실제로 구현하는 웹페이지(https://editor.p5js.org/krantas/sketches/IKUf43rB)

```
/*
Modify modelURL and serialPort to your settings    ← 구글 티처블 머신에서 복사한 링크
*/
const modelURL = 'https://teachablemachine.withgoogle.com/models/_____/';
const serialPort = 'COM_';
                   ↓ 아두이노 연결 포트
let classifier;
let serial;
let video;
let flippedVideo;
let label;

function preload() {
    classifier = ml5.imageClassifier(modelURL + 'model.json');
    serial = new p5.SerialPort();
}

function setup() {
    serial.open(serialPort);
    createCanvas(320, 260);
    video = createCapture(VIDEO);
    video.size(320, 240);
    video.hide();
    flippedVideo = ml5.flipImage(video);
    classifyVideo();
}

function draw() {
    background(0);
    image(flippedVideo, 0, 0);
    fill(255);
    textSize(16);
    textAlign(CENTER);
    text(label, width / 2, height - 4);
}

function classifyVideo() {
    flippedVideo = ml5.flipImage(video)
    classifier.classify(flippedVideo, gotResult);
```

위와 같이 modelURL은 288쪽 9번에서 복사한 공유 가능한 링크를 붙여넣기 하고, serial-Port는 아두이노와 케이블이 연결된 포트를 입력한다(포트는 장치 관리자에서 확인할 수 있다.).

⑩ 윈도우 OS의 경우 COM4, 맥 OS의 경우 /dev/cu.usbserial-130

❷ 아두이노와 서보모터를 연결하고 프로그래밍한다.(프로그램 설치 페이지: https://www.arduino. cc/en/software)

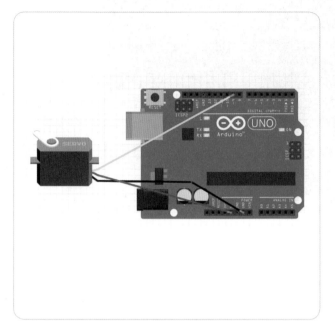

```
AI_SERVO

#include <Servo.h>

Servo ethicservo;
char result;

void setup(){
  Serial.begin(9600);
  ethicservo.attach(9);
  ethicservo.write(90);
}

void loop(){
  while(Serial.available()>0){
    result=Serial.read();
    switch(result){
      case 'old_man':
        ethicservo.write(0);
        break;
      case 'construction_worker':
        ethicservo.write(180);
        break;
    }
  }
  delay(500);
}
```

🔺 아두이노와 서보모터 연결　　　　　　　　🔺 class에 따라 서보모터 값을 변경한 코드

❸ 아두이노와 ❶번의 웹페이지가 통신할 수 있도록 p5.Serialcontrol.exe 파일을 설치한 후 실행한다. (설치 페이지: https://github.com/p5-serial/p5.serialcontrol/releases)

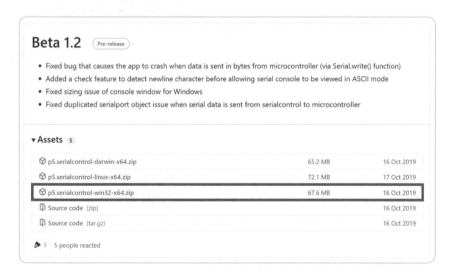

실행한 후 해당되는 시리얼 포트를 선택한 후, Open 을 클릭한다.

❶번의 웹페이지를 실행하면 아래와 같이 대상을 인식하게 되고 아두이노의 서보모터도 설정한 대로 움직이는 것을 확인할 수 있다.

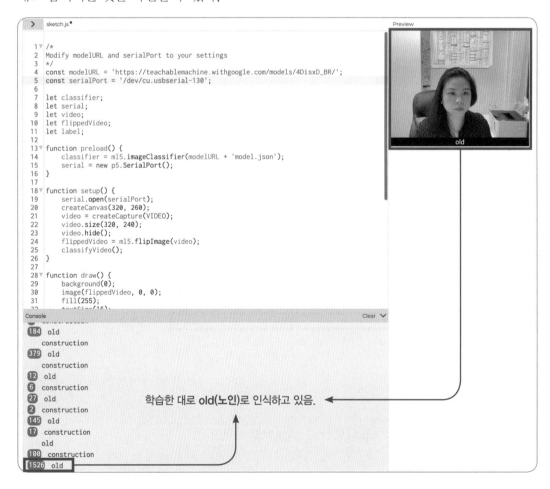

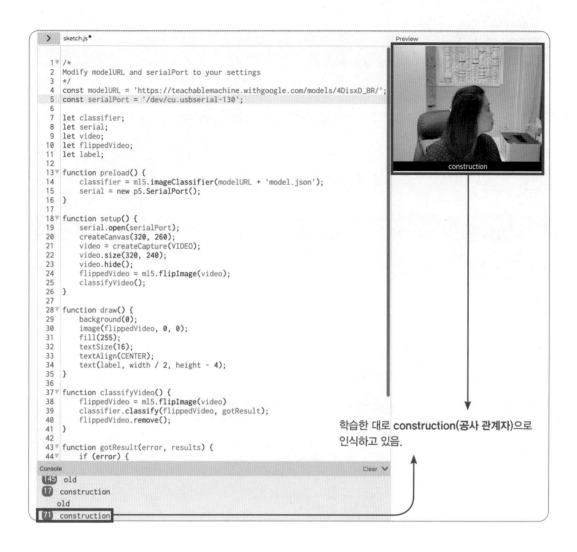

```
>   sketch.js●                                                                    Preview

 1▼ /*
 2  Modify modelURL and serialPort to your settings
 3  */
 4  const modelURL = 'https://teachablemachine.withgoogle.com/models/4DisxD_BR/';
 5  const serialPort = '/dev/cu.usbserial-130';
 6
 7  let classifier;
 8  let serial;
 9  let video;
10  let flippedVideo;
11  let label;
12
13▼ function preload() {
14      classifier = ml5.imageClassifier(modelURL + 'model.json');
15      serial = new p5.SerialPort();
16  }
17
18▼ function setup() {
19      serial.open(serialPort);
20      createCanvas(320, 260);
21      video = createCapture(VIDEO);
22      video.size(320, 240);
23      video.hide();
24      flippedVideo = ml5.flipImage(video);
25      classifyVideo();
26  }
27
28▼ function draw() {
29      background(0);
30      image(flippedVideo, 0, 0);
31      fill(255);
32      textSize(16);
33      textAlign(CENTER);
34      text(label, width / 2, height - 4);
35  }
36
37▼ function classifyVideo() {
38      flippedVideo = ml5.flipImage(video)
39      classifier.classify(flippedVideo, gotResult);
40      flippedVideo.remove();
41  }
42
43▼ function gotResult(error, results) {
44▼     if (error) {
```

학습한 대로 construction(공사 관계자)으로
인식하고 있음.

```
Console                                                          Clear ⌄
145  old
 17  construction
     old
 71  construction
```

각각의 상황에서 나의 결정이 모든 이해관계자에게 최선이었는지 생각해 보자. 혹시 중요한 이해관계자 혹은 이해 관심인데 배제되지는 않았는지 생각해 보자. 혹시 다른 이해관계자나 이해 관심이 있지는 않은지 있다면 그로 인해 결정에 변화가 있는지도 살펴보자.

상황 A	
중요한데 배제된 이해관계자는 없는가?	중요한데 배제된 이해 관심은 없는가?
추가될 이해관계자가 있는가?	추가될 이해 관심이 있는가?

✅ 위의 평가에 의해 결정이 변경되는가? 변경된다면 그 이유는 무엇인가?

여기서 잠깐!

다른 상황도 이와 같이 평가해 보자. 이때 자기 평가뿐 아니라 동료 평가도 고려할 수 있다.

자율주행차의 '눈', 라이다 vs 레이더...
승자는?

라이다(LiDAR)와 레이더(RADAR). 이름도 비슷하다. 하지만 글로벌 자율주행차 업계를 갈라놓을 만큼 둘은 다르다.

라이다와 레이더는 한마디로 자율주행차의 '눈'을 담당하는 이미지 센서다. 이 중 무엇이 더 효율적인가 하는 문제를 놓고 업계에서는 해묵은 논쟁을 이어왔다.

2019년 일론 머스크는 테슬라 자율주행 시연 행사 당시 "라이다는 멍청이들의 심부름(LiDAR is a fool's errand)"이라며 라이다에 회의적인 입장을 표했다. 이에 테슬라는 레이더만을 탑재한 자율주행기술 FSD(Full Self-Driving)을 개발, 출시했다.

반면, 구글 웨이모와 중국의 테슬라라고 불리는 샤오펑(Xpeng) 등은 라이다가 자율주행에 필수 요소라고 말한다.

내로라하는 자율주행차 업계 거물들도 의견이 갈리는 라이다와 레이더. 둘은 대체 뭐가 다를까?

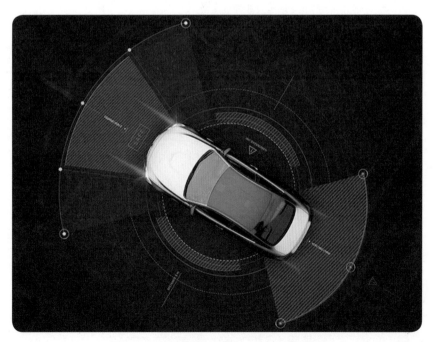

🔺 센서를 통해 주변과 사물을 감지하는 자율주행차

둘의 가장 큰 차이는 사물을 보는 방법이다. 사람의 눈은 반사된 태양광을 매개로 사물을 본다. 라이다는 레이저(빛)를, 레이더는 전파를 매개체로 삼는다.

라이다(Light Detection And Ranging)는 고출력 레이저 펄스를 발사해 레이저가 목표물에 맞고 되돌아오는 시간을 측정한다. 이를 통해 사물 간 거리, 형태를 파악한다. 비행시간 거리 측정(ToF, Time of Flight) 기술이라고도 불리는 이유다.

레이더는 라이다와 동일한 방식으로 작동하지만, 레이저 대신 전파를 이용한다는 점이 다르다. 전파를 발사해 물체에 맞고 되돌아오는 데이터로 물체의 거리, 속도, 방향 정보를 파악한다. 전파 도달 거리에 따라 단거리, 중거리, 중장거리 등으로 나눌 수 있다. 전파의 파장이 길수록 도달할 수 있는 거리가 길어진다. 하지만 상대적으로 정확도는 떨어진다는 약점도 있다.

사물을 인식하는 방법이 다른 만큼 성능에도 차이가 있다. 하지만 업계에서 갑론을박이 이어지는 만큼 어느 센서가 더 우월하다고 단정할 수는 없다.

이에 분야별로 라이다와 레이더의 장단점을 비교해 보면,

첫째, '정밀도'는 라이다가 앞선다. 라이다가 자율주행차의 이미지 센서로 주목받는 이유이기도 하다. 라이다는 직진성이 강한 1,550nm 근적외선을 이용한다. 강한 직진성 덕에 레이저가 사물에 맞고 돌아오는 동안 왜곡이 발생하지 않는다. 따라서 대상을 보다 정밀하게 인식한다. 오차 범위가 mm~cm에 불과할 정도로 정밀 관측이 가능하다.

라이다는 거리를 비롯해 폭과 높낮이 정보까지 측정해 대상을 3차원으로 인식한다. 정밀도를 높이는 요인이다. 라이다 센서는 레이저를 여러 갈래로 쪼개어 발사한다. 16, 32, 64개 등 나눠지는 레이저 채널 수가 높아질수록 세밀한 인식이 가능하다. 따라서 도로 환경을 3D 매핑하는 데도 용이하다.

반면, 레이더는 사물의 정확한 형체까지 인식하지는 못한다. 전자파가 되돌아오는 신호를 기반으로 사물 간 거리, 속도, 방향 등을 예측하는 것만 가능하다. 따라서 주변 물체를 인식할 수 있는 광학 카메라와 함께 작동해야 한다.

△ 라이다의 정밀도 출처 Popular Science

둘째, 가성비는 레이더가 앞선다. 자율주행차 업계에서 라이다가 환영받지 못하는 가장 큰 이유는 바로 '비싼 가격' 때문이다. 2010년 웨이모가 처음 자율주행 기술을 선보였던 당시 라이다 센서의 가격은 7만 5,000달러(약 8,200만 원)에 달했다. 웬만한 차량 한 대보다 비싼 가격이다. 이후 2019년 허니콤(Honeycomb)이라는 라이다 유닛을 자체 개발했지만 7,500달러로 여전히 고가였다. 일론 머스크는 라이다를 "비싼 (쓸모없는) 맹장"이라고 표현하기도 했다. 이런 탓에 벨로다인(Velodyne)을 비롯한 라이다 센서 생산 기업은 단가 낮추는 데 매진하고 있다. 올해 CES2021에서 벨로다인은 100달러(약 11만 원)짜리 라이다 센서를 선보였다. 기존 360도 관측이 가능하던 라이다 센서의 시야각을 좁히고 성능을 낮춘 대신 가격 경쟁력을 보완하는 시도였다.

셋째, 외부 환경을 극복하는 것은 레이더가 앞선다. 레이더는 라이다에 비해 비, 안개 등 악천후에 강하다. 날씨가 좋지 않으면 라이다의 성능은 대개 떨어진다.

전파는 광파보다 물체에 닿았을 때 흡수되는 정도가 낮다. 이에 외부 환경에 따른 방해도 덜 받는다. 레이더가 악천후에서도 작동해야 하는 전투기, 전투함 등에 활용되는 이유이기도 하다.

넷째, 디자인은 레이더가 우수하다. 라이다 센서는 레이더에 비해 소형화 기술이 발달하지 못했다. 이에 차량에 탑재할 때도 외관에 드러난다. 웨이모의 자율주행차를 보면 차량 루프탑에 라이다 센서가 달려있다.

반면, FSD 기능이 탑재된 테슬라 차량은 12개의 레이더 센서를 탑재하고 있지만, 외적으로는 별다른 특이점을 찾기 어렵다.

🔺 웨이모의 라이다 센서　출처 웨이모 홈페이지

다섯째, 감지 거리는 무승부이다.

라이다는 30m에서 200m 범위의 물체를 감지한다. 하지만 30m 이내에 근접한 물체를 식별할 때는 성능이 떨어진다.

레이더는 주파수에 따라 감지할 수 있는 거리가 다르다. 중장거리 레이더는 150~200m 이상 감지할 수 있다. 단거리 레이더는 100m 이내의 거리를 감지한다. 하지만 감지 거리가 늘어날수록 시야각은 좁아진다. 중장거리의 경우 시야각이 40도 안팎으로 좁고, 단거리는 100도 이상으로 상대적으로 더 넓다.

한편, 차량에 바로 근접한 초단거리에서는 라이다나 레이더보다는 음파를 기반으로 한 초음파 센서가 주로 활용된다. (하략)

출처 AI타임스, 2021. 2. 19. (http://www.aitimes.com/news/articleView.html?idxno=136692)

구글 티처블 머신 이외에
이미지를 인식하는 방법은 없을까?

허스키렌즈와 같이 직접 인공지능 카메라를 사용할 수 있다.

즉, 허스키렌즈는 사용하기 쉬운 인공지능(AI) 카메라로 얼굴 인식과 물체 추적, 물체 인식, 라인 추적, 색상 인식과 태그(QR코드) 인식과 같은 여러 기능을 갖추고 있다. 허스키렌즈는 UART / I2C 포트를 통해 마이크로비트, 라즈베리파이, 라떼판다, 아두이노에 연결해 복잡한 알고리즘을 사용하지 않고도 매우 창의적인 프로젝트를 생성할 수 있다. 허스키렌즈는 기능 버튼을 눌러 다양한 알고리즘을 변경할 수 있다. 특히 허스키렌즈는 2.0인치 IPS 화면도 갖추고 있어 매개변수를 조정할 때 PC를 따로 사용하지 않아도 된다. 얼굴과 사물을 인식할 수 있도록 하는 머신러닝 기술이 내장돼 있으며, 다양한 각도와 범위에서 새로운 것을 학습할 수 있다. 허스키렌즈는 특수 AI칩 Kendryte K210을 사용한다. 특수 AI칩 성능은 신경망 알고리즘을 실행할 때 STM32H743보다 1000배나 빨라 빠르게 움직이는 물체도 바로 포착할 수 있다. OV2640(200만 화소 카메라)을 사용해 대화형 제스처 명령을 이해하거나 물건을 정리하는 데 도움이 되는 작업을 수행할 수 있다.

허스키렌즈가 물체를 감지하면 화면의 컬러 프레임 대상이 자동적으로 선택이 된다. 색상 프레임 위치 x와 y 좌표는 좌표계에 따라 지정이 되며, UART / I2C 포트에서 좌표를 가져오면 객체의 위치를 알 수 있다.

🔺 허스키렌즈의 기능

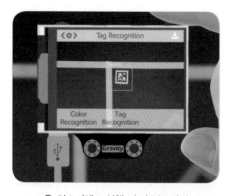

🔺 허스키렌즈 실행 시 나오는 장면

출처 테크월드뉴스, 2022. 1. 17. (https://www.epnc.co.kr/news/articleView.html?idxno=219298)

구글 티처블 머신을 사용하되
이동하면서 이미지를 인식하는 방법은 없을까?

노트북이나 컴퓨터에 연결된 웹캠은 고정적이기 때문에 이동하면서 이미지를 인식하고 싶을 경우에는 한계가 있다. 따라서 휴대폰 카메라를 활용하는 방법이 있다. 이를 위해 앱을 설치하면 실시간으로 이미지 및 사운드를 분류할 수 있으며 블루투스로 연결하여 분류된 결과를 간단하게 전송할 수 있다. 이를 위해 관련 앱을 설치하고, 티처블 머신에서 학습한 모델을 링크가 아닌 파일로 다운로드 받으면 쉽게 사용할 수 있다.

• 먼저, Google Play에서 '티처블 머신 AI 블루투스'로 검색한 후, 다음의 앱을 설치한다.

• 그리고 구글 티처블 머신에서 인식하고자 하는 이미지를 앞에서 학습한 대로 테스트 데이터셋을 구성하여 모델을 학습시켜 보자. 그리고 모델 내보내기를 할 때 Tensorflow.js ⓘ 에서 ⦿ 다운로드 를 선택하고 ⭳ 모델 다운로드 를 클릭한다. 다운받은 파일의 압축을 푼 후, 폴더를 자신의 구글 드라이브에 저장한다.

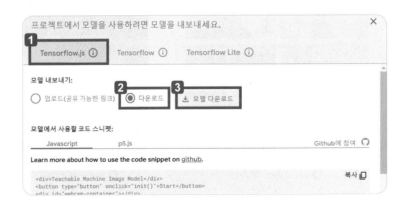

- 앱을 실행하고 이미지, 사운드, 모션 중에 구글 티처블 머신으로 학습한 대상을 먼저 선택한다.

만약 구글티처블머신을 통해 이미지를 인식했다면 '이미지'를 클릭한 후, 하단의 메뉴를 차례대로 실행한다. 먼저 '드라이브' 아이콘을 클릭하여 드라이브에 저장된 모델을 선택한 후, '블루투스' 아이콘 클릭하고 '장치연결' 아이콘 클릭 한 후, '분석시작' 아이콘을 클릭하여 분석을 시작한다. 이 때 오른쪽에서 '후면카메라' 혹은 '전면카메라'를 선택한다.

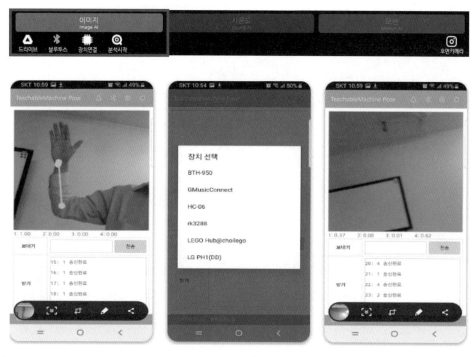

🔺 모션을 선택하여 티처블 머신 AI 블루투스 앱을 활용한 예 출처 yjsoft

찾아보기

ㄱ

가우시안 혼합 모델	174
가중합(Weighted Summation)	163
감성 분석(Sentiment Analysis)	193
감성생성	185
감성인식	183, 184
감성 컴퓨팅(Affective Computing)	182, 183, 186, 189
감시 카메라	205
감정 인식 차량 컨트롤(EAVC, Emotion Adaptive Vehicle Control)	188
감지(Sensing)	158, 159, 160, 161
강화학습(Reinforcement Learning)	24, 82, 88
개인정보	203
개인정보보호법	203
개인정보보호위원회	206
개인정보보호 자율점검표	206, 207
객체 탐지	167
공공성(Publicness)	50, 52
구문 분석	192
국가 인공지능 윤리 기준	50
군집화(Clustering)	82, 87
기계어(Machine Language)	191
깊이우선 탐색(DFS, Depth-First Search)	68

ㄴ

너비우선 탐색(BFS, Breadth-First Search)	68, 69

ㄷ

다양성	217, 218
다양성 존중	51
다층 퍼셉트론	20, 91, 92
다트머스 워크숍	18, 19
닥터 왓슨(Watson)	15, 16
단어 임베딩(Word Embedding) 모델	194
단층 퍼셉트론	91
데이터	113
데이터 관리	52
데이터 편향성	117, 119
도메인 지식	215, 216, 218
듀플렉스(Duplex)	14, 15
딥 러닝	20, 89, 90

ㄹ

라이더	142, 295
레이더	142, 295
로봇 3원칙(Three Laws of Robotics)	41, 42
로봇 윤리 로드맵	43

ㅁ

마빈 민스키(Marvin Minsky)	18, 19
머신러닝(Machine Learning)	23, 79, 80, 82, 89
메타버스(Metaverse)	17
미국 전기전자학회(IEEE)	44, 45, 46

ㅂ

분류(Classification)	72, 82, 83
블랙박스	36, 37, 137
비선형 함수(Non-linear Function)	163
비정형데이터(Unstructured Data)	163
비지도학습(Unsupervised Learning)	23, 82, 86
빅 아이디어	21

ㅅ

4대 공통 원칙(PACT)	50

사물인터넷(IoT)	183
사용자 만족도	145
사회적 영향(Societal Impact)	25
상호작용 편향	119, 130
서포트 벡터 머신(SVM, Support Vector Machine) 알고리즘	84, 85
선택 편향	120, 130
설명 가능성	139
설명 가능한 인공지능(XAI, Explainable Artificial Intelligence)	140, 141
설명 모델의 수준	145
소셜 로봇	185, 187
스티븐 호킹(Stephen W. Hawking)	31, 32
시모어 페퍼트(Seymour Papert)	19
신뢰성에 대한 평가	145
심층 합성곱 신경망(Convolutional Neural Network)	95, 164, 165

◉

아실로마 인공지능 원칙(Asilomar AI Principle)	46, 47
아이작 아시모프(Isaac Asimov)	42
안전성	52
알고리즘	80, 81
앨런 튜링(Alan Turing)	12, 13
언캐니 밸리(Uncanny Valley)	227, 228, 229, 230
얼굴 인식 기술	202, 205
업무 수행 향상도	145
엔트로피(Entropy)	72
연대성	52
오토파일럿	32
워렌 맥컬록(Warren McCulloch)	18, 19
월터 피츠(Walter Pitts)	18, 19
유니버설 디자인	219
유리박스	37
유진 구스트만(Eugene Goostman)	13
유클리드 거리(Euclidean Distance)	65

윤리 매트릭스	271, 277
윤리 매트릭스 분석	106, 107
윤리적으로 조정된 설계(Ethically Aligned Design)	44, 45, 46
음성인식	172, 173
음성 파형	172, 173
의미망	63
의미망 그래프	63, 64
의미 분석	193
의미역(Semantic Role) 분석	193
의사결정트리	22, 23, 71, 72, 143
이루다	38, 39, 260
이미지 분류(Image Classification)	166
이미지 영역 분할	168
이해관계자	100, 101, 106, 107, 243, 273, 277
이해 관심	272
인공신경망(Artificial Neural Network)	18, 89, 90, 91, 163, 166
인공지능 개발 가이드라인	44
인공지능 로봇	225, 226
인공지능 스피커	175
인공지능 알고리즘	139
인공지능 윤리 가이드라인	52
인공지능의 3대 기본 원칙	50
인권 보장	51
인식(Perception)	22, 158, 159, 160, 161
인터넷 윤리학	40
일론 머스크(Elon R. Musk)	30, 31
일반 데이터 보호 규정(GDPR, General Data Protection Regulation)	103

ㅈ

자동 편향	120
자연스러운 상호작용(Natural Interaction)	24
자연어(Natural Language)	191
자연어 처리(NLP, Natural Language Processing)	191

자율주행차	16, 17, 32, 93, 135, 142, 268
잠재적 편향	119, 133
전문가 시스템(Expert Systems)	20, 64, 66
정보 윤리학	40
제프리 힌턴(Geoffrey Hinton)	20, 92
주파수	173
증강현실 현미경	169
지능(Intelligence)	12
지능정보사회 윤리 가이드라인	40, 41
지능정보사회 윤리헌장	40, 41
지능형 로봇 윤리헌장	40, 41
지도학습(Supervised Learning)	23, 82
지식 기반 시스템(Knowledge-based System)	64, 66
지식 표현(Knowledge Representation)	61
지식 피라미드	60
지식 획득 병목현상(Knowledge Acquisition Bottleneck)	20

ㅊ

책무성(Accountability)	50
책임성	52
챗봇	34, 39, 238, 239, 240, 241, 242
최상우선 탐색(GBFS, Greedy Best-First Search)	69, 70
추론	22, 23
침해 금지	52

ㅋ

카드뉴스	210, 211, 213
컴퓨터 윤리학	40

ㅌ

테이	34, 38
통제성(Controllability)	50
투명성(Transparency)	50, 52, 134

튜링 테스트	13, 14
특징 맵(Feature Map)	164
특징 추출(Feature Extraction)	165

ㅍ

퍼셉트론(Perceptron)	19, 89, 91
편향 데이터 세트	126
포용성	217, 218
표현	22, 23
푸리에 변환	173
프라이버시	202, 211
프라이버시 로깅	204
프라이버시법	205
프라이버시 보호	51
프랑크 로젠블랫(Frank Rosenblatt)	19, 91
프레임	64

ㅎ

학습(Learning)	23
형태소 분석	192
확증 편향	120
회귀(Regression)	72, 82, 86
후쿠오카 세계 로봇 선언(Fukuoka World Robot Declaration)	43
휴리스틱(Heuristic) 방법	20

A

A* 알고리즘	69, 70

K

K-최근접 이웃(K-NN) 알고리즘	82, 84
K-최근접 이웃(K-NN) 탐색	138, 139
K-평균(K-means) 알고리즘	87

사진 출처

10쪽 디지털 대전환과 인공지능 | CEOWorld Magazine, 2021. 6. 18. (https://ceoworld.biz/2021/06/18/digital-transformation-and-the-need-for-a-better-service-experience)

12쪽 앨런 튜링 | https://ko.wikipedia.org/wiki/%EC%95%A8%EB%9F%B0_%ED%8A%9C%EB%A7%81#/media/%ED%8C%8C%EC%9D%BC:Alan_Turing_Aged_16.jpg

13쪽 유진 구스트만 | https://www.google.com/search?q=%EC%9C%A0%EC%A7%84+%E-A%B5%AC%EC%8A%A4%ED%8A%B8%EB%A7%8C&source=lnms&tbm=isch&sa=X&ved=2ahUKEwiHiLv99eTyAhXjFqYKHTWqD9gQ_AUoAnoECAEQBA&biw=1745&bih=852

15쪽 구글 듀플렉스(Google Duplex) 시연 영상 캡처 | https://www.youtube.com/watch?v=GoXp1leA5Qc

16쪽 인공지능을 이용한 질병의 진단 | The Times, 2021. 8. 10. (https://www.thetimes.co.uk/imageserver/image/%2Fmethode%2Ftimes%2Fprod%2Fweb%2Fbin%2Fe1464d40-f9c7-11eb-b913-6efb6724c33e.jpg?crop=5238%2C2946%2C153%2C708&resize=1200)

17쪽 구글 웨이모 | https://www.engadget.com/waymo-self-driving-car-lidar-103642444.html

다트머스 회의 | https://medium.com/rla-academy/dartmouth-workshop-the-birthplace-of-ai-34c533afe992

이미지 경진 대회 도표 | http://www.it-b.co.kr/news/articleView.html?idxno=9485

앨런 튜링 | https://www.biography.com/scientist/alan-turing

알파고와 이세돌 | https://platum.kr/archives/56262

19쪽 본격적으로 인공지능을 연구한 다트머스 워크숍 참가자들 | Dartmouth Workshop: The Birthplace Of AI (https://medium.com/rla-academy/dartmouth-workshop-the-birthplace-of-ai-34c533afe992)

21쪽 AI4K12의 5가지 빅 아이디어 | https://newhampshire.csteachers.org/events/5-big-ideas-of-ai

23쪽 의사결정트리 | https://upload.wikimedia.org/wikipedia/commons/f/fe/CART_tree_titanic_survivors_KOR.png

29쪽 인간과 인공지능 | https://ko.dtt.com.de/de/software-ki-und-big-data/155-wie-man-kuenstliche-intelligenz-ueberlistet-mensch-gegen-maschine

30쪽 인공지능의 사회적 영향 | AI타임스, 2021. 2. 9. (http://www.aitimes.com/news/articleView.html?idxno=136379)

31쪽 일론 머스크 | https://www.google.co.uk/search?sa=G&hl=ko&tbs=simg:CAQSoglJbzyKApqp2jYalgILEKjU2AQaAghCDAsQslynCBo6CjglBBIT9CLCIqQk1CzbOUvtG5MSlwiLMhobgh5Y11ZE0TvTBSiH-vwqCld9lLCgmNdbxmS1IAUwBAwLEI6u_1ggaCgolCAESBJnAM-YMCxCd7cEJGqsBCh8KDHNwb2tIc-3BlcnNvbtqliPYDCwoJL20vMDF4cjY2ChgKB-WV2ZW502qWl9gMLCgkvbS8wODFwa-2oKlQoOZGlzcGxheSBkZXZpY2VzKC9tLzAyOXDoNgooChR0ZWxldmlzaW9ulHByZ-XNlbnRlctqliPYDDAoKL20vMHZzwc2QzaAohC-g90ZWxldmlzaW9ulHNob3fapYj2AwoKCC9tLzBmMMY5DA,isz:m&sxs-rf=APq-WBsfSSVZSWfI9bHkkik2faiftQBl7A:1650595721210&q=%EC%9D%BC%EB%A1%A0+%EB%A8%B8%EC%8A%A4%-ED%81%AC+%ED%8E%98%EC%9D%B4%ED%8C%94&tbm=isch&ved=2ahUKEwjGqoWd1Kb3AhXzpVYBHWweDV0Q2A4oAnoECAEQNA&biw=1712&bih=951&dpr=1#imgrc=6YcqplcZDEFJeM

32쪽 스티븐 호킹 | https://upload.wikimedia.org/

wikipedia/commons/e/eb/Stephen_Hawking.
StarChild.jpg

자율주행차의 충돌 사고 | https://www.fr.de/
panorama/tesla-model-3-autopilot-crash-lkw-
sattelschlepper-fahrbahn-wrack-polizei-south-
brunswick-usa-zr-90294275.html

33쪽　**인공지능의 질병 진단** | 인공지능신문, 2018. 7. 2.
(http://www.aitimes.kr/news/articleView.htm-
l?idxno=12237)

34쪽　**차별 발언으로 운영 중단된 '테이'** | 연합뉴스,
2016. 3. 25. (https://www.yna.co.kr/view/
AKR20160325010151091)

노인에게 의료 서비스를 제공하는 로봇 | ETRI 보
도자료, 2011. 12. 27. (https://www.etri.re.kr/
preview/1570608971043/index.html)

35쪽　**쇼핑센터의 보안 로봇** | The Wall Street Journal,
2016. 7. 13. (https://www.wsj.com/articles/se-
curity-robot-suspended-after-collid-
ing-with-a-toddler-1468446311)

44,45쪽 **IEEE 이미지** | https://standards.ieee.org/in-
dustry-connections/ec/ead-v1

73쪽　**책** | https://www.momspresso.com/parent-
ing/9cfb86642b404728ac7cecfcdd5cd202/
article/seri-o-mania-book-review-sita-the-
warrior-of-mithila-mxnvq1uw0u2l

77쪽　**중단 이미지** | https://tarciziosilva.com.br/blog/
google-acha-que-ferramenta-em-mao-neg-
ra-e-uma-arma

81쪽　**'티셔츠'라는 동일 키워드로 검색한 결과** | 구글
(google) 검색

88쪽　**중단 이미지** | 이코노믹 리뷰, 2018. 12. 24.
(https://www.econovill.com/news/articleView.
html?idxno=353280)

90쪽　**새벽 배송 서비스** | https://clomag.co.kr/arti-
cle/3473

이미지 캡셔닝 | https://bsnn.tistory.com/45

99쪽　**중단 이미지** | https://kbench.
com/?q=node/152522

103쪽 **일반 데이터의 보호 규정 로고** | https://www.

venturesquare.net/823997

113쪽 **스마트폰을 이용한 얼굴 인식과 지문 인식** |
https://axonator.com/face-recognition-tech-
nology

114쪽 **입을 이용한 노래 인식** | https://www.good-
housekeeping.com/uk/consumer-advice/
technology/a576580/song-identification-apps

챗봇과의 대화 | https://crucible.io/insights/
news/how-chatbots-can-help-through-
covid19-in-the-service-sector

115쪽 **스팸메일** | https://linsoo.pe.kr/archives/8485

각종 광고에 이용되는 SNS | 마케팅닷컴.com/
product/페북인스타-스폰서드-광고-인기/21

127쪽 **전화기 이미지, 선풍기 이미지, 신발 이미지** | 구글
(google) 검색

131쪽 **교장 이미지, 판사 이미지, 유치원 교사 이미지** | 구
글(google) 검색

132쪽 **간호사 이미지** | 구글(google) 검색

134쪽 **민머리 심판을 따라가는 인공지능 중계 카메라** | 연
합뉴스, 2020. 11. 3. (https://www.yna.co.kr/
view/AKR20201103121100007)

135쪽 **우버 자율주행차** | https://www.abc.net.au/
news/2018-03-20/uber-driverless-car-ac-
cident-who-is-to-blame/9567766

나무와 충돌하여 불타버린 자율주행차 | https://
www.teslarati.com/tesla-elon-musk-fatal-
crash-texas-autopilot-full-self-driving

140쪽 **나무늘보** | https://ko.wikipedia.org/wiki/나무늘
보#/media/파일:Bradypus.jpg

레이싱 카 | https://ko.wikipedia.org/wiki/자동
차_경주#/media/파일:DTM_car_mercedes2006_
Haekkinen_racing.jpg

142쪽 **어두운 밤에도 사물을 인식하는 라이더 장착 차량** |
AI타임스, 2021. 7. 22. (http://www.aitimes.com/
news/articleView.html?idxno=133309)

157쪽 **얼굴 인식 출입증** | 전자신문, 2008. 11. 19.
(https://www.etnews.
com/200811180087?m=1)

158쪽 슈퍼마켓 출입문으로 들어온 사슴 | CBS Pittsburgh, 2017. 12. 5. (https://www.youtube.com/watch?v=GkHuLlg7GoY)

162쪽 인공지능 기술이 음성과 이미지를 인식하는 과정 중 일부 | 동아사이언스, 2018. 5. 10. (https://www.dongascience.com/news.php?idx=22378)

166쪽 명품을 판별하는 인공지능 짝퉁 판별기 | Entrupy, 'How to use Entrupy Luxury Authentication', 2021. 11. 1. (https://vimeo.com/641265088)

자율주행자동차에 적용한 객체 탐지 | Choi, J., Chun, D., Kim, H., & Lee, H. J. (2019). Gaussian yolov3: An accurate and fast object detector using localization uncertainty for autonomous driving. In Proceedings of the IEEE/CVF International Conference on Computer Vision, pp. 502~511

168쪽 의료 영상에서 활용되는 이미지 분할 | MEDICAL WORLD NEWS, 2018. 10. 17. (http://medicalworldnews.co.kr/news/view.php?idx=1510927814)

169쪽 구글의 딥 러닝 기술로 개발된 증강현실 현미경으로 암세포를 감지하고 이미지 윤곽을 그려 암세포를 구별해서 보여주는 모습 | Martin Stumpe, An Augmented Reality Microscope for Cancer Detection, 2018. 4. 16. (https://ai.googleblog.com/2018/04/an-augmented-reality-microscope.html)

172쪽 모창 AI가 고 김광석의 목소리를 되살려 내는 장면 | 소비자평가, 2021. 2. 10. (http://www.iconsumer.or.kr/news/articleView.html?idxno=14746)

173쪽 '너의 목소리가 보여' 음성 파형 | 동아사이언스, 2018. 5. 10. (https://www.dongascience.com/news.php?idx=22378)

174쪽 목소리를 시각화하는 작업(국립과학수사연구원) | 동아사이언스, 2018. 5. 10. (https://www.dongascience.com/news.php?idx=22378)

176쪽 도입부 사진 | https://www.google.co.kr/imgres?imgurl=https%3A%2F%2Ftnimage.s3.hicloud.net.tw%2Fphotos%2Fshares%-2FAP%2F20170207%2F9ad5027f9de-24b599ea260c76ff6b570.jpg&imgre-furl=https%3A%2F%2Fwww.taiwannews.com.tw%2Fen%2Fnews%2F3089642&tb-nid=qpFsMONj_4fbRM&vet=10CBMQx-iAoAmoXChMIsJqG58iY-9wlVAAAAAB0AAAAAECA..i&docid=ymoe_zWbwg8iAM&w=1024&h=675&itg=1&q=conversation&hl=ko&ved=0CBMQxiAoAmoXCh-MIsJqG58iY9wlVAAAAAB0AAAAAECA

182쪽 영화 이미지 | HeadStuff, 2017. 5. 3. (https://headstuff.org/entertainment/film/baudrillard-si-mulcra-and-her)

183쪽 감성 컴퓨팅 기업인 어펙티바(Affectiva)의 플랫폼 | 인공지능신문, 2018. 9. 10. (http://www.aitimes.kr/news/articleView.html?idxno=12355)

185쪽 MIT 미디어랩의 지보(JIBO) | https://fazz.tistory.com/entry/d77

187쪽 아우디가 공개한 'AI:ME' 자동차 | 동아경제, 2020. 1. 8. (https://www.donga.com/news/article/all/20200108/99128215/2)

소셜로봇 페퍼 | https://www.ciokorea.com/news/35748

https://ko.wikipedia.org/wiki/%ED%8E%98%ED%8D%BC_(%EB%A1%9C%EB%B4%87)#/media/%ED%8C%8C%EC%9D%BC:SoftBank_pepper.JPG

188쪽 현대자동차가 미국 MIT와 공동 개발한 '리틀빅 이모션' | https://www.youtube.com/watch?v=R-L5oHFPxQE0

201쪽 중국의 얼굴 인식 시스템 상황 | VOA, 人臉識別把人變成"透明人" 中共極權監控下人人自危, 2022. 5. 24. (https://www.voachinese.com/a/Chinese-facial-ID-controversy-20210212/5775765.html)

영화 '아이, 로봇' 주인공 | 씨네피플, 2004. 7. 21. (https://www.donga.com/news/Culture/article/all/20040721/8086069/1#)

202쪽 중국 유명 관광지에서의 얼굴 인식 시스템 적용 | 동아일보, 2021. 1. 21. (https://www.donga.com/news/Opinion/article/all/20210121/105019980/1)

208쪽 상단 이미지 | https://www.facebookbipaclassaction.com

210쪽 나열형 | https://hi-in.facebook.com/yeomi.
travel/photos/pcb.1324443167738443/
1324441917738568/?type=3&theater

스토리텔링형 | http://www.si.re.kr/node/65073

215쪽 중단 달고나 이미지 | https://upload.wikimedia.
org/wikipedia/commons/f/ff/Dalgona.jpg

하단 도로 표지판 2개 | https://driving-tests.org/
road-signs/do-not-pass-sign
https://www.freeimages.com

217쪽 사투리 능력자 모집 | 한국경제TV, 2020. 11. 4.
(https://www.wowtv.co.kr/NewsCenter/News/
Read?articleId=A202011040132)

219쪽 높낮이 손잡이 | 대학신문, 2017. 11. 19. (http://
www.snunews.com/news/articleView.html?idx-
no=17554)

독서 플랫폼에서 도입한 '시선 추적' 기능 | 한경비즈
니스, 2021. 1. 21. (https://magazine.hankyung.
com/business/article/202101219184b)

221쪽 '픽셀' 카메라 자동 보정 기능 | PetaPixel, 2021. 5.
19. (https://petapixel.com/2021/05/19/goo-
gle-says-it-is-creating-a-more-racially-in-
clusive-android-camera)

224쪽 상단 이미지 | 매일경제, 2017. 5. 30. (https://
www.mk.co.kr/news/it/view/2017/05/359633)

227쪽 알리타 | 시선뉴스, 2019. 9. 2. (https://www.sis-
unnews.co.kr/news/articleView.html?idx-
no=96813)

로지 | 위키리크스 한국, 2021. 7. 23. (https://
www.wikileaks-kr.org/news/articleView.
html?idxno=111617)

267쪽 상단 이미지 | KQED, 2020. 2. 11. (https://www.
kqed.org/news/11801138)

하단 이미지 | 중앙일보, 2018. 4. 10. (https://
www.joongang.co.kr/article/22521196)

295쪽 센서를 통해 주변과 사물을 감지하는 자율주행차 |
ENTRI WEBZINE, vol. 127, 2019. 3. (https://
www.etri.re.kr/webzine/20190329/index.html)

참고 문헌과 사이트

12쪽 **지능의 정의** | 위키피디아 (https://ko.wikipedia.org)

네이버 지식백과 (https://terms.naver.com)

국립국어원 표준국어대사전 (https://stdict.korean.go.kr)

앨런 튜링의 논문 | A.M. Turing(1948). Intelligent Machinery, National Physical Laboratory (http://www.alanturing.net/intelligent_machinery)

60쪽 **지식의 정의** | 한선관 외(2020). 놀랍게 쉬운 인공지능의 이해와 실습, 성안당

139쪽 **각종 인공지능 알고리즘의 설명 가능성과 정확성** | 서지영(2021). 난생처음 인공지능 입문, 한빛아카데미, p. 123

164쪽 **인공지능이 그려진 이미지를 1이라는 숫자로 인식하는 과정** | 사이언스주니어인공지능연구회(2020). 중고등학생을 위한 인공지능 교과서 2, 광문각, p. 52

182쪽 **감성 컴퓨팅의 의미** | R. W. Picard(1997). Affective Computing, M.I.T Media Laboratory Perceptual Computing Section Technical Report No. 321

183쪽 **감성의 의미 구분** | 이영희(2018). 감성 컴퓨팅의 범위와 한계, 지식의 지평, 24권

184쪽 **CNN에 기반한 감성인식 기술** | Ninad Mehendale(2020). Facial emotion recognition using convolutional neural networks (FERC). SN Applied Sciences.

185쪽 **지보(JIBO)의 기능** | EEE Spectrum(2014). The famed MIT roboticist is launching a crowdfunding campaign to bring social robots to consumers. (https://spectrum.ieee.org/cynthia-breazeal-unveils-jibo-a-social-robot-for-the-home)

186쪽 **딥마인드** | Deepmind(2016). WaveNet: A generative model for raw audio

디지털 트렌드 | Digitaltrends, 2020 1. 6. Hitching a ride in Audi's AI:Me, the autonomous city car of the future. (https://www.digitaltrends.com/cars/riding-in-audis-autonomous-electric-ai-me-concept-car-at-ces-2020)

187쪽 **소셜 로봇의 활용** | 로봇신문, 2020. 9. 9. 영국, 소셜로봇으로 어르신들 외로움 달랜다. (http://www.irobotnews.com/news/articleView.html?idxno=22257)

195쪽 **BERT** | Jacob Devlin. et al.(2018). BERT: Pre-training of Deep Bidirectional Transformers for Language Understanding. (https://arxiv.org/abs/1810.04805v2)

GPT-3 | OpenAPI(2022). New GPT-3 Capabilities: Edit & Insert (https://openai.com/blog/gpt-3-edit-insert)

211, 212쪽 **카드뉴스 자료** | https://www.si.re.kr/node/64511

228쪽 **모리(Mori)의 언캐니 밸리 이론** | Masahiro Mori(2012). The Uncanny Valley: The Original Essay by Masahiro Mori, IEEE Spectrum

229쪽 **세야마(Seyama)와 나가야마(Nagayama)의 언캐니 밸리 이론** | 인공지능신문, 2018. 7. 2. (http://www.aitimes.Seyama, J. i., & Nagayama, R. S.(2007). The uncanny valley: Effect of realism on the impression of artificial human faces. Presence: Teleoperators and Virtual Environments, 16(4), 337~351

맥도먼(MacDorman)과 차토패드히야(Chattopadhyay)의 언캐니 밸리 이론 | MacDorman, K. F., & Chattopadhyay, D. (2016). Reducing consistency in human realism increases the uncanny valley effect; increasing category uncertainty does not. Cognition, 146, 190~205

기타 김한성, 전수진, 최승윤, 김성애 역, 모두를 위한 인공지능 윤리 – 교육과정과 학습활동, 한국교육학술정보원, 2019.

B. H. Payne, "An Ethics of Artificial Intelligence Curriculum for Middle School Students", MIT Media Lab, August 2019.

MEMO

MEMO

ARTIFICIAL INTELLIGENCE & ETHICS

모두를 위한
인공지능과 윤리

발 행 일   초판 1쇄 발행   2022년 7월 5일

지 은 이   김성애, 김한성, 박주연, 전수진
발 행 인   신재석
발 행 처   (주)삼양미디어
주   소   서울시 마포구 양화로 6길 9-28
전   화   02) 335-3030
팩   스   02) 335-2070
등록번호   제10-2285호
           Copyright ⓒ 2022. samyangmedia
홈페이지   www.samyangM.com
I S B N   978-89-5897-406-2(03000)
정   가   23,000원